Mi Vida
De Fe en Dios e intervenciones divinas

Copyright © 2024 Dr Anthony Ikechukwu Akubue
Reservados todos los derechos

Todos los derechos reservados. Ninguna parte de esta publicación puede ser reproducida, distribuida o transmitida en ninguna forma ni por ningún medio, incluyendo fotocopias, grabaciones u otros métodos electrónicos o mecánicos, sin el permiso previo por escrito del publicador o autor, excepto en el caso de citas forzadas incorporadas en reseñas críticas y ciertos otros usos no comerciales permitidos por la ley de derechos de autor. Aunque se han tomado todas las precauciones para verificar la exactitud de la información contenida en este documento, el autor y el editor no asumen ninguna responsabilidad por errores u omisiones. No se asume ninguna responsabilidad por los daños y perjuicios que puedan derivarse del uso de la información contenida en el mismo.

AEGA Design Publishing Ltd Reino Unido
info@aegadesign.co.uk
www.aegadesignco.uk

ISBN 978-1-0685398-0-0 (pbk)
ISBN 978-1-0685398-1-7 (digital)

Impreso en los Estados Unidos de América

Dedicación

A mis padres, el Jefe Jerome y la Sra. Grace Akubue, el conducto a través del cual Dios sembró la semilla del conocimiento en mi mente y la cultivó. A mis hijos, Anthony I. Akubue Jr., Jerome C. Akubue y Grace N. Akubue, a quienes considero como mi preciado paquete de dones de Dios y mi corazón operando fuera de mi cuerpo. A mis amigos, Charles Umeibe, Reuben Aniekwu, Christian Ezeokeke, el P. JohnPaul Igbokwe, Ugochukwu Uddoh, por su confiabilidad, veracidad, honestidad, integridad, decencia y fiabilidad. Curiosamente, se ha dicho ante mí que los buenos amigos son como las estrellas, no siempre los ves, pero sabes que siempre están allí. Al fallecido profesor, autor, mentor, activista y modelo a seguir Chinualumuogu Achebe—Ugonabo Ogidi, por su modestia, humildad y su influencia indeleble y apreciada sobre mí. Para todos los lectores de mis artículos periodísticos y esta segunda edición de "Mi Vida: Fe en Dios relatos testimoniales de Sus intervenciones divinas en mi vida narradas en este libro.

Prólogo

He conocido al Dr. Anthony Ikechukwu Akubue toda mi vida como una persona temerosa de Dios, guiada por la fe, humilde, sencilla, empática, compasiva y generosa. Lo he conocido toda mi vida en esta nave espacial llamada tierra. Siempre lo he admirado y acudido a él para obtener dirección, orientación, valores morales, consejos y sabiduría. Él es muy respetuoso, amoroso, atento, amable y desinteresado. Conocí al Dr. Akubue en agosto de 1997 en el Hospital St. Cloud cuando salí del cuerpo de mi madre y la enfermera de parto me lo entregó después de limpiarme cuidadosamente. Ese fue el primer encuentro que tuvimos el 2 de agosto de 1997.

El Profesor Anthony Ikechukwu Akubue es mi papá, un caballero que una vez describí en uno de sus cumpleaños como encantador, asombroso y deslumbrante. Mi nombre es Grace Nnenna Akubue, la última de tres hermanos de Dr. Anthony y la Sra. Georgina Akubue, los dos primeros antes que yo son varones. Me llamaron así por mi abuela paterna Grace. Mi nombre en Igbo es Nnenna, que significa "la madre de su padre". Actualmente soy enfermera registrada a cargo de una escuela Charter K-6 en el área metropolitana de las ciudades gemelas de Minneapolis/St. Paul en Minnesota.

Después de que mi madre muriera de cáncer de mama metastásico el 2 de agosto de 2005, en mi octavo cumpleaños, mi papá decidió criarnos solo él, no queriendo arriesgarse a que una madrastra nos maltratara o interfiriera entre él y sus hijos. Trabajó arduamente para borrar el dolor y la tristeza de no tener a mamá cerca como los otros niños. Papá tenía muchas responsabilidades, incluido su trabajo como profesor, hacer compras, cocinar (era un excelente cocinero), prepararnos para ir a la escuela por la mañana, asistir a nuestros eventos deportivos, asegurarse de que el dinero del almuerzo se pagara sin falta, llevarnos al hospital cada vez que alguno de nosotros se enfermaba, etc. En cuanto a lo que era prioridad para papá, su trabajo pasaba a un segundo plano en comparación con nuestro bienestar, salud y seguridad.

Papá siempre me enviaba mensajes cuando estaba triste para animarme. En uno de esos mensajes, papá me envió un texto que decía: "los empleados inteligentes y conocedores son una amenaza para los jefes incompetentes e ineptos. Que te dejen ir hoy donde trabajas, lo veo como una oportunidad disfrazada, que debes aprovechar para actuar en busca de lo que quieres ser. Me siento bendecido de que, de todas las pequeñas chicas del mundo, tu mamá y yo tengamos la mejor. Aprovecha esta oportunidad y conviértete en todo lo que puedas ser. ¡Puedes hacerlo!" En otra ocasión, cuando trabajaba en otro lugar como enfermera registrada, papá me envió el siguiente mensaje: "como se ha dicho antes que me dijeron, no todos los ángeles tienen alas, algunos usan bata."

Papá estuvo, y sigue estando, siempre ahí para mí y mis hermanos mayores. Incluso cuando nos hemos hecho adultos, papá todavía nos dice que, según su cultura y educación Igbo, los tres siempre seremos su responsabilidad, y que nunca dejaremos de ser sus hijos.

De la misma manera, él siempre estuvo ahí para los demás. Leerán en esta autobiografía de este hombre desinteresado que tengo la bendición de tener como papá, las veces que él salió corriendo de la casa por la noche para ayudar a amigos muy enfermos a la sala de emergencias del hospital; cómo llamó al 911 cuando no tuvo noticias de un amigo suyo y sus llamadas telefónicas iban directamente al buzón de voz durante días para que la policía lo revisara porque le preocupaba que algo terrible le hubiera sucedido. Fue una tarde de sábado, y no pudo acceder al edificio de su apartamento en ausencia del administrador para dejarme entrar. La policía lo llamó más de una hora después para decirle que su llamada al 911 le salvó la vida a su amigo. No es todos los días que te encuentras con alguien tan animado y encantado como mi papá, solo por la posibilidad o la oportunidad de ayudar a alguien. Él paga el saldo en la tienda por la persona que descubre que no tiene suficiente dinero para comprar todos los artículos que había seleccionado.

Nunca deja de sorprenderme. Su modestia y humildad son excepcionales. Una vez estaba en compañía de un amigo que caminaba detrás de él y le dijo: "no camines detrás de mí, puede que no guíe. No camines frente a mí, puede que no siga. Solo camina a mi lado y sé mi amigo." Ni siquiera le gusta que lo llamen Dr. Akubue o Profesor Akubue. Él se presenta como un maestro de la Universidad Estatal de St. Cloud.

Papá me dio a mí y a mis hermanos mayores una copia de "Mi Vida: Fe en Dios e Intervenciones Divinas," una cuenta integral de su vida hasta ahora en su peregrinaje en la tierra para leer y mantener como libro de referencia y guía. Espero que encuentres esta historia de vida de este hombre temeroso de Dios y humilde que tengo la bendición de tener como mi papá tan fascinante e inspiradora como yo lo he hecho.

Introducción

Los años de intervenciones divinas en mi vida me han dejado asombrado por el amor incondicional, el aliento y los dones de Dios para mí. Desde el momento en que fui concebido y nací hasta el presente, he sido bendecido y favorecido para desafiar las probabilidades donde muchas personas han perecido. He sido, y continúo siendo, receptor de actos incesantes de protección divina para alejar la muerte inminente, el peligro, la malicia, el encarcelamiento, las tentaciones, los complots para detener mi progreso, el resentimiento movilizado contra mí y la difamación. Esta protección ha sido tan constante y consistente que, en ocasiones, me derrumbo, lloro y me pregunto por qué Dios ama tanto a un pecador como yo. Por razones que solo nuestro Dios Todopoderoso conoce, las mujeres han sido utilizadas exclusivamente para venir a mi rescate en cada ocasión. Una mujer muy anciana con un bastón de madera como apoyo apareció frente a mí e indicó que dejara una plaza de mercado que había sido bombardeada, y las personas fueron masacradas unos diez minutos después de mi partida con mi amigo. Lo que parecía una mujer negra de mediana edad con un vestido blanco se me acercó de repente cuando dos oficiales de inmigración españoles que iban a denegarme la reentrada a los Estados Unidos estaban organizando el siguiente vuelo para enviarme de regreso a Nigeria desde el Aeropuerto Internacional JFK en Nueva York. Ella estampó mis documentos de viaje vencidos y me dio la bienvenida de nuevo a América. El hecho de que triunfe sobre estos complots y situaciones peligrosas es un crédito a las intervenciones divinas y al Espíritu Santo. Como dijo un predicador, el hombre es un espíritu, vive en un cuerpo y posee un alma. Como prometió Jesús, yo pediré al Padre y Él les dará otro Paracleto para que esté con ustedes siempre: el espíritu de la verdad, al cual el mundo no puede aceptar, porque no lo ve ni lo reconoce; pero ustedes lo reconocerán porque permanece con ustedes y estará dentro de ustedes (Juan 14:16-17).

Este Paracleto me dice qué decir que no soy lo suficientemente inteligente para articular por mí mismo en situaciones clave. A riesgo de ser malinterpretado e incluso despreciado, afirmo categóricamente que el Espíritu Santo en mí me dice qué decir, qué hacer y qué no hacer. Sin embargo, una vez opté por la autoengaño y actué de una manera que recuerda al apóstol Tomás el Dudoso de la Biblia. Decidí, de manera tonta, en dos ocasiones, descartar el consejo del Paracleto en mí, lo que solo puedo describir como un radicalismo juvenil para poner a prueba su autenticidad. ¡Qué presuntuoso y audaz de mi parte! En una ocasión, perdí mi billetera que contenía mi licencia de conducir, mis tarjetas de crédito, mi tarjeta de seguro social y más de trescientos dólares. En la segunda ocasión, mi SUV fue golpeado en la parte trasera mientras estaba detenido esperando que el semáforo se pusiera en verde. Mi reacción ambas veces fue reírme a carcajadas de mí mismo por mi imprudencia y necedad. En mi mente, simultáneamente, sonaba la respuesta de Jesús al diablo diciendo: "no pongas a prueba al Señor tu

Dios." Fue como reprenderme a mí mismo por poner a prueba al Espíritu Santo. Con todo el amor del Espíritu Triuno, junto con la espiritualidad y disposición compasiva de mi madre, aprendí que la vida se trata más de dar que de recibir. Aprendí que servir a Dios, tratar de ser una buena persona y hacer lo que es correcto, justo y decente me hace feliz más allá de las palabras. Me di cuenta de que levantar a las personas era, de hecho, un ejercicio de felicidad en el corazón. Hacer lo que puedo para ayudar a los demás es una oportunidad de la que nunca me retiro, ya que Dios no nos ha llamado a ver a los demás a través de ellos, sino a ver a los demás a través de ellos. Amar y adorar a Dios por encima de todo en un mundo cada vez más materialista y secular nos inspira a ser conscientes de nuestra integridad, probidad, humildad y la verdad. Jesús mismo es el camino, la verdad y la vida, y como razonó Santo Tomás de Aquino, la Verdad misma habla verdaderamente o no hay nada verdadero. La verdad y la bondad callan el mal. Platón sabía de lo que hablaba cuando observó que nadie es más odiado que el que dice la verdad. Puedo relacionarme con el sentimiento de Platón, porque soy una persona en mi comunidad que a la gente le encanta odiar.

Sin que lo sepan mis adversarios, sin embargo, el impacto de sus insultos y insinuaciones sobre mí palidece en comparación con el tormento y la agonía que experimento al salir de cualquier escena mentirosa sin decir la verdad. No se puede negar la observación de George Orwell de que en tiempos de engaño universal, decir la verdad se convierte en un acto revolucionario. De manera similar, Emily Dickinson opinó que la verdad es algo tan raro que es un deleite decirla. Estoy tan enamorado de la verdad que es como una forma de vida para mí. No puedo dar excusas por no ser lo que la gente espera. Mi felicidad siempre se mantiene constante e inalterada a pesar de las maquinaciones y molestias de la gente. A menudo me preguntaba sobre el origen de esta felicidad aparentemente inquebrantable. Finalmente, tuve una idea de lo que era después de escuchar una homilía muy perspicaz del Padre Blessed Ambang Njume de la Diócesis de Kumba en Camerún. Él explicó, entre otras cosas, que "el cielo es un estado, una condición, no un lugar. El cielo está a nuestro alrededor. El cielo está aquí y ahora. El cielo es una elección que debes hacer, no un lugar que debes encontrar." Dado este contexto y experiencia, mi inspiración vino para narrar la historia de mi vida, desde la concepción y el nacimiento hasta el presente. Lo que me fascinó en ese momento fue el hecho de que recordaba detalles de experiencias y las cosas que mi madre me dijo hace décadas como si hubieran sucedido recientemente. La verdad sea dicha, me divertí tanto escribiendo el libro que nunca quise que llegara a su fin. Espero que disfruten leyéndolo con tanto entusiasmo y fervor como yo lo tuve al escribirlo.

Tabla de Contenidos

Dedicación 3

Prólogo 4

Introducción 6

Declaración de Apertura 12

Su Majestad Real, el Rey del reino de Ogidi en Nigeria 12

Mi Linaje... 13

Umueze Idemili (Sumos Sacerdotes) y la Prueba de Onyedika Edochie 14

La Vida Problemática de Mi Tío-abuelo Ekesiobi y sus Consecuencias .. 15

La prominencia de Onyekwena, mi abuelo.. 16

El Jefe Jerome y la Sra. Grace Akubue, Matrimonio Tradicional, Hijos y Muerte 17

Mi Nacimiento y la Súplica de Mamá a Papá para Casarse con Ella en la Iglesia 23

Mis Años de Niñez hasta la Edad Adulta.. 25

Mi Educación Católica y la Educación Terciaria No Universitaria . 27

La vida sin papá durante la Guerra Civil Nigeriana en el pueblo de Umuanugwo, Uru, Ogidi.. 27

Mi Encuentro con una Mujer Espíritu Visible que Me Hizo Huir del Mercado el 4 de Noviembre de 1968.. 28

Matar perdices con mi tirachinas 30

Mi Relación con Mis Dos Tíos Paternos Durante la Guerra............30

Durante la Guerra Furiosa..32

La guerra terminó, sobrevivimos, y llegó la noticia de que papá estaba vivo en Enugu 34

Feliz Reencuentro con Papá en Enugu..35

Viviendo en Enugu después de la Guerra Civil, Reanudando la Educación Secundaria y el Llamado al Sacerdocio.................................36

Exonerado de Ser Sacerdote y el Pacto de Propagar la Verdad Contra el Mal 37

La Mujer Casada que Me Amaba..38

Mi Hermano Mayor Eric Fue Admitido en la Universidad de Nigeria Nsukka 39

Mi Trabajo en el Servicio Civil...40

Cómo Llegué a los Estados Unidos como Estudiante Internacional 41

Llegada a la Universidad de Marshall, Huntington, Virginia Occidental 45

Mudanza al Norte a Morgantown, Virginia Occidental 48

Una Extraña Mujer Negra de Mediana Edad con Vestido Blanco en JFK Facilitó mi Regreso a los EE. 49

La Naturaleza de Mi Relación con Mi Hermano y Mi Hermana.....51

Viviendo en Morgantown, WV como Estudiante de Doctorado en WV...59

Reubicándome en St. Cloud, Minnesota...61

El Nacimiento de Nuestros Hijos 64

La Muerte de Mi Padre, el Jefe Jerome Chiejina Akubue 65

Las Muertes de Mi Cuñado, Mi Hermano Mayor y Mi Primo Materno 66

Mi Llamada al 911 que Salvó la Vida de Mi Amigo 67

Llevar Urgentemente a un Amigo Gravemente Enfermo al Hospital de Emergencias por la Noche 69

Mi Llamada Telefónica a un Amigo en el Hospital Antes de que Muriera Ese Día 70

Un Milagro Salvó la Vida de Mi Hijo Jerome Akubue 71

Manos Invisibles Me Sacaron de la Cama para Ir a la Clínica 73

El Accidente que Dios Impidió que Mi Muerte Ocurriera 74

La Enfermedad que Casi Acaba con Mi Vida 76

Mi Esposa Georgina alertó sobre un Bulto Maligno en su Pecho ... 78

La Muerte de Mi Madre, la Sra. Grace O. Akubue y la Sra. Georgina Akubue 80

Mi epresión Tras la Muerte de Mi Esposa 82

Viaje a Nigeria con Mis Hijos 84

Mi Viaje a Nigeria Sin Mis Hijos 86

La última vez que vi a mi padre 87

Sobre mi hijo Anthony Ikechukwu Akubue Jr 89

La Mujer en la Tienda de Segunda Mano Goodwill 91

Una de las Observaciones de Mi Compañero sobre Mí...................91

Mi Aflicción con una Extraña Enfermedad........................92

Un Accidente que Hubiera Ocurrido.................................93

Mi Experiencia en una Noche de Viernes Negro 94

La Mujer Generosa en la Tienda Target de Eastside........95

Las Personas Me Cuentan Cosas Voluntariamente Sin Que Yo Lo Solicite..96

Otra Revelación del Espíritu Santo que Ignoré................97

El Viaje a Ocala, Florida con mi hija Grace 98

Un viaje a la Convención de Ogidi en Atlanta, Georgia con Anthony Jr. y Grace 99

Servir en diferentes Juntas Directivas..............................100

Recomendaciones para mi Promoción.............................106

Evaluaciones de Estudiantes y Elogios............................109

Dar Crédito a Quien lo Merece 109

Mi Oración: Mi Relación con Dios................................... 111

Sobre el autor 114

Resumen de la contraportada 114

Declaración de Apertura

Como diría un Ex Presidente de los Estados Unidos de América, creo que "si soy un buen hombre, por supuesto, le corresponde a Dios juzgarlo. Sé que no soy tan bueno como creen mis amigos incondicionales o como espero ser, ni tan malo como afirman aquellos que me resienten". Estoy tratando, sin embargo, de vivir y ser digno del nombre cristiano que todos llevamos como discípulos de Cristo. Un sacerdote al que le hablé de la misteriosa mujer que encontré en Afor Umunya el miércoles 4 de septiembre de 1968 dijo que yo era un ser humano especial y, si Dios así lo quería, le gustaría conocerme en el futuro. Cuando le respondí que yo era sólo un pecador, me dijo que incluso los santos eran pecadores arrepentidos. También está la afirmación de que cada santo tiene un pasado, mientras que cada pecador tiene un futuro. Mientras esté vivo seguiré intentando ser una mejor persona con la ayuda del Señor mi Dios.

Me acuerdo de Lucas Capítulo 15: 8-10, que dice que "Hay gozo en el cielo por un pecador que se arrepiente". Esta declaración me tranquiliza, me fortalece y me llena de energía mientras busco ser salvo y no ser alabado.

Su Majestad Real, el Rey del reino de Ogidi en Nigeria

Antes de continuar, deseo reconocer y saludar a nuestro actual Rey del Reino de Ogidi, Su Majestad Real (HRM) Igwe Alex Uzo Onyido, Ezechuamagha I de Ogidi y la Primera Dama, la graciosa y elegante Reina Iyom Patricia Nneka Onyido (Ugegbe Èze). Hay mucho que decir sobre el liderazgo ejemplar del actual monarca de Ogidi. El espacio, sin embargo, me impide mantenerlo al mínimo. Creo que a cualquier edad lo que cuenta no es cuánto tienes, sino lo que haces con lo que tienes. El HRM Alex Uzo Onyido, más que nadie que conozca con un estatus similar, exuda compasión y benevolencia en su administración y servicio a sus leales ciudadanos de Ogidi. Lo que hace para agacharse y levantar a su pueblo es legendario: desde sus obsequios a multitudes de ciudadanos de Ogidi de las necesidades básicas de ropa, comida y asistencia financiera en Nochebuena, ceremonias en reconocimiento y honor de octogenarios, hasta la provisión de refugio para viudas en situación desesperada. Emplea a cientos de ciudadanos en su empresa farmacéutica: Alben Healthcare Industries, Ltd. en Ogidi, estado de Anambra, Nigeria. HRM, Igwe Alex Uzo Onyido, Pharm. D., es el Director General (CEO) de la empresa. Tomó el nombre de Ezechuamagha I por su título en honor al padre fundador de Ogidi.

Mi Linaje

Dicho esto, sería negligente por mi parte comenzar esta narración sobre mi llegada y estancia en esta Tierra mortal, con todas las intervenciones y favores divinos que Dios me ha concedido, sin comenzar primero con una introducción, por breve que sea, de lo que sé acerca de aquellos que estuvieron antes que yo y que hicieron posible mi eventual llegada a la Tierra. No soy un hombre hecho a sí mismo. Sería una afrenta a mis antepasados creados por Dios y que me precedieron. Aquí está mi genealogía, por breve que sea.

Ezechuamagha (1550), el padre fundador de Ogidi, engendró un hijo al que llamó Inwelle (1580). Inwelle, a su vez, engendró un hijo llamado Ogidi (1611), que literalmente significa pilar de fuerza, porque era un guerrero de gran reputación. Uru, uno de los muchos hijos de Ogidi nacidos en 1643, engendró a Anugwo. Empezando por Anugwo, hay cuatro generaciones de mis antepasados de los que estoy muy orgulloso.

Mi tatarabuelo, Anugwo, tuvo dos hijos: Edochie y Okocha. Estos dos fundaron la aldea Umuanugwo, que finalmente se dividió en dos clanes relacionados conocidos como Owa y Ama en Uru Ogidi; de ahí que Uruowa y Uruama, conocidos colectivamente como Umuanugwo. Umuanugwo significa los hijos de Anugwo, nuestro tatarabuelo. Mi bisabuelo Edochie era el jefe en Uruowa, Umuanugwo, y mi tío bisabuelo Okocha era el jefe en Uruama, ambos en Uru, Ogidi, que es la actual sede del gobierno local de Idemili Norte, en el estado de Anambra, en el sureste de Nigeria. Edochie tuvo tres hijos: Onyekwena, Ekesiobi (Onyegbachiengba) y Onyedika. De estos tres, sólo Onyedika conservó nuestro apellido familiar original de Edochie. Era conocido como Onyedika Edochie y Agbapuluonwu era su apodo. Los tres hermanos quedaron huérfanos porque Edochie, su padre y su madre, murieron prematuramente, cuando aún eran niños. Lamentablemente, Onyedika Edochie fue vendida como esclava por un grupo de colonos extranjeros y sumos sacerdotes de nuestra aldea, conocidos colectivamente como Umueze Idemili. Son los Sumos Sacerdotes de Idemili, un santuario cuyo nombre significa literalmente la confluencia del agua, aunque es un templo físico a su cuidado. Es la creencia de que el Santuario Idemili sirve para proteger a la gente y alejar a las personas y los espíritus malignos.

Umueze Idemili (Sumos Sacerdotes) y la Prueba de Onyedika Edochie

Umueze Idemili supuestamente vendió a Onyedika Edochie, un niño en ese momento, como esclavo porque se decía que tenía el comportamiento de colocar su palma debajo de la carne curada sobre la chimenea perteneciente a Umueze Idemili, y lamia las gotas de aceite de la carne en su palma. Este comportamiento, racionalizó Umueze Idemili, era señal suficiente de que el niño poseía el potencial de un ladrón y una mala persona. Al ver a su hermano vendido como esclavo, Onyekwena y Ekesiobi huyeron a su aldea materna, Adazi, en busca de protección y seguridad. Finalmente regresaron a Umuanugwo como adultos. Según los relatos de la tradición oral, el barco y su cargamento de esclavos humanos, incluido Onyedika Edochie, que se dirigía al Nuevo Mundo, fue interceptado en el mar por una cañonera británica y se le ordenó regresar a Nigeria. A su llegada, los esclavos fueron dejados como hombres libres en un lugar diferente de Nigeria. La narración es que un hombre de la aldea de Umuanugwo, Ogidi, que estaba de viaje en Calabar, en el actual estado de Cross River en Nigeria, se topó fortuitamente con Onyedika Edochie allí. Cuando gritó su nombre, los dos hombres, reconociéndose, se abrazaron abiertamente en un abrazo cálido y fraternal. La emoción de los dos hombres, como se puede imaginar, era ilimitada y emotiva. Feliz y exuberante como uno podría estar, después de haber encontrado a un hermano perdido hace mucho tiempo, el hombre quería que Onyedika Edochie regresara a casa con él. Onyedika Edochie se opuso, temiendo que las mismas personas que lo vendieron como esclavo lo persiguieran y le hicieran algo horrendo. Onyedika también temía la posibilidad de que este pariente regresara a Calabar con Umueze Idemili y que fuera mutilado y dejado allí para morir.

El hombre regresó a casa con el anuncio de que había encontrado a Onyedika Edochie en Calabar. Se hicieron planes para garantizar la seguridad de Onyedika para su eventual regreso a Umuanugwo. Cuando una delegación de parientes, entre los que se encontraba su hermano Onyekwena, mi abuelo, fue enviada a Calabar para asegurarle a Onyedika que su seguridad estaba garantizada y que no temía sufrir ningún daño en Umuanugwo, Onyedika había desaparecido sin dejar rastro, y los vecinos no tenía idea de su paradero. Nunca más se volvió a ver ni saber de Onyedika Edochie.

La Vida Problemática de Mi Tío-abuelo Ekesiobi y sus Consecuencias

Sólo puedo imaginar lo devastados que debieron estar mi abuelo Onyekwena y su hermano Ekesiobi por la pérdida de su hermano Onyedika Edochie. Sin embargo, ¡la vida debe continuar incluso después de que la emoción de vivir haya desaparecido por un largo tiempo! De los dos hermanos, Onyegbachiengba Ekesiobi no estaba en buena situación. Conocí a la esposa de Ekesiobi y la conocía como Nne (Madre) Siali, una mujer que me amaba y mimaba cuando era un niño pequeño a finales de los años cincuenta. Ekesiobi tuvo tres hijas con Nne Siali, a saber, Ekwefi, Udumelue y Ekenma Ekesiobi, a todas los cuales conocí y conozco muy bien. Ekesiobi y Nne Siali no tuvieron ningún hijo varón, un destino muy lamentable en aquel entonces en el ámbito cultural.

Para salvar el nombre de Ekesiobi de la extinción, la tradición permitía que una mujer se casara como esposa póstuma del tío abuelo Ekesiobi. Luego se eligió a un hombre de la aldea con cualidades respetables para que sustituyese al tío abuelo Ekesiobi con el entendimiento de engendrar hijos con la nueva esposa. El nombre de la nueva esposa era Nwinya Ekesiobi, a quien también conocía. El hombre elegido para tener descendencia con Nne Nwinya, como se la conoció, fue el Jefe Fidelis Ukonze de nuestra aldea. Lo conocía bien. Él fue un buen hombre. Nne Nwinya tuvo a Patrick Obiora Ekesiobi, Caroline Udeoku Ekesiobi, Benedeth Oduagu Ekesiobi, Franca Nwugo Ekesiobi y el último nacimiento de un par de gemelos, Joseph y Josephine Ekesiobi. Nos referíamos a ellos invariablemente como nuestros primos. Independientemente de que en realidad no fueran hijos del tío abuelo Ekesiobi, la tradición exigía dividir toda la tierra de propiedad familiar por la mitad entre todos los hijos varones de las cuatro familias Akubue y los dos hijos varones de Ekesiobi. Lo veia como injusto, pero esa era la tradición cultural.

Por un interesante giro del destino, el padre de Patrick Ekesiobi, Fidelis Ukonze, tenía un hermano que se llamaba Obizoba Onyiorah. Obizoba se casó con una dama excepcionalmente hermosa, la señora Josephine Onyiorah (Nee Ezepue). La Sra. Josephine Onyiorah es la hermana mayor de la familia Ezepue de Ntukwulu, Ogidi, estado de Anambra, Nigeria. Uno de los hermanos Ezepue, el Dr. Julius C. Ezepue, farmacéutico en Florida, Estados Unidos de América, se casó con mi hermana pequeña, Patricia Ebelechukwu Ezepue (Nee Akubue). A ese matrimonio se le concedió el divorcio más tarde en los Estados Unidos después de más de tres décadas de matrimonio. El interesante giro del destino que mencioné anteriormente es que Patrick Ekesiobi y sus hermanos son los verdaderos primos de sangre de Nwokoye Onyiorah y Ogechukwu Onyiorah, los dos hijos supervivientes del Sr. Obizoba y Josephine Onyiorah.

Mi tío abuelo Ekesiobi no era muy trabajador y siempre buscaba la salida fácil. Era rebelde, imprudente y siempre infringía la ley. Era conocido por sus costumbres criminales y canibalismo. Una vez, agentes de seguridad allanaron su casa y encontraron partes de cuerpos humanos frescos y cocidos. Fue arrestado y puesto bajo custodia, en espera de audiencia judicial. Su hermano Onyekwena Akubue, mi abuelo, era adinerado, influyente y utilizó su influencia y riqueza para ganar su libertad. Hasta su misteriosa desaparición, Ekesiobi llevó una vida carente de responsabilidad y rendición de cuentas. Mi abuelo, Onyekwena, se quedó solo para llorar y lamentarse por la pérdida de sus dos queridos hermanos y seguir adelante hacia el futuro sin ellos.

La prominencia de Onyekwena, mi abuelo

Como ya he mencionado, mi abuelo era muy influyente y rico. Y por lo que sé ahora, era miembro del consejo de jefes que asesoraba al rey del Reino de Ogidi en asuntos políticos, económicos y sociales de la ciudad. Al igual que su hermano Ekesiobi, mi abuelo tomó el nombre de Onyekwena como apellido, abandonando el apellido de Edochie. Tenía un título de cacicazgo llamado Akuebue (la riqueza abunda) y un nombre social de pluma de Ochanwu (que tenía carisma). Con el tiempo, el nombre del título de cacicazgo se volvió tan popular que incluso eclipsó el apellido Onyekwena, lo que finalmente llevó a la adopción de Akubue, una variante del nombre del título de cacicazgo, como apellido. Incluso con este cambio, escuché a mi padre pronunciar los nombres de Onyekwena Akubue u Onyekwena Ochanwu, en lo que pude ver fueron momentos de reminiscencias sobre su padre, mi abuelo.

Mi abuelo tuvo cuatro hijos y una hija. Mi padre, Jerome Chiejina Akubue, el hijo mayor, Gregory Anyaigwe Akubue, Boniface Nweke Akubue, John Nwobu Nwafor Akubue. Jerome Chiejina Akubue nació alrededor de 1912. La historia decía que era tan excepcionalmente guapo que los invitados que venían a verlo deseaban tener una luz del día interminable para poder contemplar al bebé sin interrupciones. Fue este sentimiento el que le llevó a su segundo nombre, Chiejina, que literalmente significa "que nunca llegue la noche". Cuando nació su hermano menor inmediato, Anyaigwe, el Igwe o el gobernante tradicional o rey de Ogidi estaba visitando a la familia. Para conmemorar el nacimiento del bebé en presencia del monarca, se le dio el nombre de Anyaigwe, lo que significa que el Igwe fue testigo ocular del nacimiento del niño. Los otros tíos, Boniface y Nwobu, nacieron mucho más tarde.

El Jefe Jerome y la Sra. Grace Akubue, Matrimonio Tradicional, Hijos y Muerte

Los hermanos crecieron juntos en Uruowa, Umuanugwo, en Ogidi. Mi padre no llegó muy lejos en su educación, pero sabía leer y escribir en igbo e inglés. Entonces la educación se caracterizaba por ser tan minuciosa y excelente que los alumnos que abandonaban la escuela después del segundo o tercer grado dominaban adecuadamente el inglés hablado y escrito. Dejó la aldea en busca de trabajo de "hombre blanco" en las ciudades de la Nigeria colonial. Debido principalmente a su educación, pudo conseguir un trabajo significativo en el Departamento Federal de Prisiones en Lagos, Nigeria, como director de prisión. Hasta que se familiarizó con su nuevo entorno y pudo permitirse un lugar propio, vivió temporalmente con otro hombre y su esposa, Claudius Ikenze y Doris Okaro, ambos también de Ogidi.

El Jefe Claudius Ikenze Okaro era miembro de la policía federal de Nigeria en ese momento. El ideal practicado en esa época era alojar a los ogidianos recién llegados a Lagos o cualquier otra ciudad metropolitana de la Nigeria colonial hasta que estuvieran bien situados. Era una época en la que ser el guardián del hermano no era sólo una figura retórica o propaganda, sino un verdadero significado o una realidad. Era una época en la que la gente tenía objetivos claros, un buen sentido de propósito, deber y responsabilidad hacia sus hermanas y hermanos que dejaron en la aldea, por su bienestar y mantenimiento. En reciprocidad, los familiares tomaron en serio su propio propósito, deber y responsabilidad como guardianes de la familia y de los asuntos y empresas de la familia extendida.

Fue esta relación psicológica y no escrita de reciprocidad basada en el mutualismo la que mi padre utilizó cuando estaba listo para tomar esposa. Se acercó a su hermano menor inmediato, Gregory Anyaigwe Akubue, para que comenzara a buscar una buena mujer para ser su esposa. Como todos sabemos, casarse es uno de los hitos de la vida. Por esto y la razón explicada en la biblia, "por eso el hombre deja a su padre madre y se une a su mujer, y forman una nueva familia (Génesis 2: v. 24). Y en aquella época, el proceso que culmina en el matrimonio era serio, minucioso y meticuloso. Para mi padre, el proceso comenzó con la búsqueda de una mujer en edad de casarse y de buena reputación en Ogidi o en los pueblos vecinos. Cuando Anyaigwe se encontró con la mujer que creía que encajaría bien con su hermano mayor Jerome Chiejina Akubue, comenzó una investigación exhaustiva y meticulosa sobre su carácter y las peculiaridades de su familia.

Encontrar todo sobre la mujer y su familia requirió hacer muchas preguntas sobre su educación, el estatus social de su familia y la herencia biológica positiva y negativa de su familia. Por ejemplo, saber si la mujer cocina bien es muy importante, porque, como dice el refrán, "el camino al corazón del hombre pasa por el estómago". Al pretendiente le conviene que la mujer no sea ni descarriada ni promiscua. La familia del pretendiente definitivamente quiere saber si la mujer pertenece o no a una familia que pertenece a un grupo de marginados sociales de la ciudad. Otro interés importante del pretendiente es saber si la capacidad reproductiva de la mujer no está comprometida o es dudosa. Si estás empezando a sentir que este es un proceso arduo y estresante, entonces definitivamente comprendes el rigor asociado con el proceso de encontrar la novia de un hombre en el pasado.

Mi madre tenía todas las cualidades deseadas y salió airosa cuando concluyó la investigación. Siendo ese el caso, mi tío Anyaigwe y su familia enviaron a alguien a la familia de mi madre para acordar una fecha mutuamente aceptable para que ambas partes visitaran a la familia anfitriona. En esa fecha salio de Uruowa, Umuanugwo, Ogidi, a pie hasta la casa de la familia de mi madre en Ifite, Ogbunike, una ciudad conocida por ser la ubicación del famoso centro turístico de la cueva de Ogbunike. Esta visita cumplió el doble propósito de anunciar la intención de pedir la mano de su hija en matrimonio para mi padre y negociar y acordar el precio de la novia.

La visita a la familia de la mujer implica que los ancianos de nuestra aldea vayan allí con Anyaigwe, mi tío paterno, y traigan consigo galones de vino de palma de alta calidad. El líder de la delegación de Uruowa, Umuanugwo, es, por supuesto, el pariente varón de mayor edad entre ellos. El padre de la doncella y sus parientes dan la bienvenida a los invitados. Se intercambian bromas. El padre de la joven pide a su esposa que le traiga nueces de kola para consagrarlas de acuerdo con la cultura igbo. La presentación y consagración de la nuez de kola precede a cualquier actividad, discusión o cualquier cosa que tenga lugar durante la visita. El significado simbólico o cultural de las nueces de cola es comunicar que los invitados son recibidos con alegría y que el padre de la joven y sus parientes reciben a sus invitados de todo corazón, incondicionalmente y sin reservas.

A continuación, se consagra la nuez de kola, tiempo durante el cual el hombre de mayor edad entre la familia extendida o los anfitriones toma una nuez de kola con su mano derecha y la sostiene en el aire para comenzar el ritual habitual. No se puede dejar de enfatizar que este ritual debe realizarse en igbo. Se invoca al espíritu de los antepasados y se ofrece una pizca de nuez de kola arrojada al suelo, y se implora que esté presente durante las deliberaciones. Los espíritus de los antepasados deben ser respetados y honrados en el mismo idioma igbo que nos transmitieron. Hacer lo contrario sería menospreciarlos y faltarles el respeto. Aquellos que no entienden el idioma dependen de intérpretes para apreciar lo que se dice.

En el ritual de romper las nueces de kola es común el proverbio igbo de que quien trae nueces de cola en una ocasión como esta trae u ofrece vida. Reza para que el motivo de la visita de los invitados sea coronado de felicidad y relaciones futuras mutuamente beneficiosas. Él ora para que todos los que buscan algo bueno encuentren lo que sus corazones desean. Reza por la convivencia pacífica de todos, como en vivir y dejar vivir, hay lugar para que se posen el águila y el halcón, y el que no quiera un lugar para el otro, que sufra la pérdida de sus alas. Lo que no quieras que te hagan a ti, no se lo hagas a otra persona. Y finalmente, ora a Dios nuestro Padre celestial para que bendiga las nueces de kola para que todos las coman para su buena salud, amor y paz, a través de Jesucristo nuestro Salvador. Los miembros de ambas familias responden Amén y expresan optimismo de que todo lo que han orado se cumpla o se haga realidad.

Es en este momento los miembros de la audiencia también muestran agradecimiento por un trabajo bien hecho al pronunciar el nombre del título de jefatura del hombre que realizó el ritual de la nuez de kola. A continuación, la nuez de kola se corta o se rompe en pedazos y se comparte entre los invitados y anfitriones por igual. En este momento se sirve el vino de palma que traen los invitados, que todos beben para acompañar la nuez de kola e ingerirla hasta el estómago. Se ofrece un complemento a los invitados por traer vino de palma de buena calidad, sin adulterar con agua. A partir de entonces se establece el entorno en este momento para la negociación del precio de la novia.

El líder de los invitados explica anteriormente el motivo de su visita. Los anfitriones muestran su agradecimiento y gusto por trabajar de buena fe en ese sentido con sus invitados. En aquel entonces se utilizaban en la negociación excrementos secos de cabra (últimamente palos de escoba). Ambas partes entienden mutuamente la cantidad de dinero y lo que representa cada excremento de cabra o cada palo de escoba. El conjunto inicial de tres excrementos de cabra o palos de escoba se conoce como Omagwo Owelu, o lo que no es negociable y lo que se esperaba que trajera mi padre en caso de la muerte de su suegro y su suegra. Se esperaba que mi padre traería una cabra viva para ser sacrificada en el funeral de su futuro suegro y su suegra cuando ambos murieran. Mi padre puede decidir, por la bondad de su corazón y el amor hacia sus suegros, proporcionar una vaca a cada uno para su funeral.

Lo siguiente es la liquidación del precio de la novia. El precio de la novia solicitado depende de varios factores. Por ejemplo, el costo de criar a la joven doncella ocupa un lugar destacado en la negociación del precio de la novia. Muy importante entre estas características es el nivel de su educación. Cuanto mayor sea su educación, mayor será el precio de la novia. La justificación de esto, especialmente en las generaciones más recientes, es la creencia de que cuando se educa a un hombre se educa a un individuo, pero cuando se educa a una mujer se educa a una familia. En la generación de mi padre, lo que se consideraba muy importante eran las habilidades o la preparación culinaria de una joven doncella, basándose en la noción patriarcal de que el camino al corazón de un hombre pasaba por el estómago. Los otros factores fueron identificados y discutidos anteriormente. En el proceso de deliberar y decidir el monto monetario del precio de la novia, un palo de escoba simbolizaría, por ejemplo, $1,000.00. Si el líder del grupo coloca, por ejemplo, siete palos de escoba sobre la mesa para que los invitados los vean, significan que están pidiendo un precio de novia de $7,000.00. Después de la reunión privada, el líder de los invitados puede extender la mano sobre la mesa y sacar, por ejemplo, dos palos de escoba, lo que significa que están dispuestos a acordar $5000.00 en su lugar. Si los anfitriones aceptan esta suma de dinero, se produce un intercambio de apretones de manos y júbilo.

A continuación, su padre le entrega una copa llena de vino de palma a la joven doncella para que mire a su alrededor antes de finalmente arrodillarse frente al novio o su representante y entregarle el vino. Esto significa aquiescencia, sumisión y compromiso de la novia con el novio. Mientras la novia intercambia la copa de vino de palma con el novio o su representante, en este caso mi tío Gregory Anyaigwe Akubue, se produce júbilo y aplausos para marcar una visita muy exitosa. Ambas partes discuten y acuerdan una fecha para venir a llevar a la novia a su nueva familia.

El día de llevar a la novia a su nuevo hogar, el novio, si está presente, acompaña a sus parientes y mujeres en el viaje hacia la casa de sus nuevos suegros. Un grupo de músicos está tocando música vocal en el camino hacia el destino. Al acercarse al destino, el sonido de la música alerta a la novia, a su familia y a sus parientes de que sus nuevos suegros se encuentran en algún lugar cerca de su residencia. Hay emoción y júbilo mientras los anfitriones se preparan para recibir a sus invitados. A su llegada, la gente desciende de su vehículo y se dirige a la residencia de los anfitriones con el sonido de buena música local llenando el aire. Son recibidos con un "nos alegra que estés aquí". ¡Bienvenido! ¡Bienvenidos a todos ustedes, nuestros nuevos parientes!

La música continúa mientras las partes se saludan bailando y celebrando. La novia sale a recibir y saludar al novio o a su representante, en este caso mi tío Gregory Anyaigwe Akubue. Los visitantes son alimentados y servidos con vino de palma, para saciar su sed y acompañar los alimentos consumidos. A continuación, llega el momento del baile al son de la música del grupo que acompañó a los visitantes. La novia y el novio se unen en la pista de baile. Mientras la novia y el novio bailan, los miembros de la multitud muestran su apoyo, aprobación y aprecio lanzando y pegando papel moneda en y sobre las frentes de la pareja de baile y sus parientes cercanos. Un pariente designado del novio recorre y embolsa el dinero de la pista de baile. Hay convivencia y alegría hasta bien entrada la noche, cuando se acerca la hora de partir para llevar a la nueva novia a su nuevo hogar.

Sintiendo la inminencia de la hora de partida, la novia y su madre se emocionan ante la separación que está a punto de producirse. Lo mismo ocurre con los hermanos de la novia y sus amigos de la infancia. Cuando la novia se marcha con su nuevo novio y sus parientes, la tristeza se convierte en el estado de ánimo a medida que los involucrados se adaptan a la nueva vida de estar el uno sin el otro como antes. Mamá era de tez muy clara, pero menos que mi abuela materna. Yo era un niño pequeño cuando mamá nos llevó a mí y a mi hermana pequeña Rosaline a Ogbunike para visitar a su gente. Vi por primera vez a mi abuela materna, una mujer muy alta y de tez extraordinariamente clara. Su nombre era Muona Obike, originaria de Umudioka, un pueblo cercano entre Ogidi y Ogbunike. Mucho después de su muerte sentí curiosidad por saber por qué tenía esa complexión. Los británicos colonizaron Nigeria y tuvieron libre acceso a todos los rincones de Nigeria. Pensando en mi abuela materna, me pregunto hasta qué punto fue la interacción y las actividades de los británicos con los nativos en los diferentes pueblos y aldeas. ¡Quizás nunca lo sepa!

De todos modos, no estoy seguro de si papá regresó a Ogidi de permiso para llevarse a mamá con él de regreso a Lagos, o si una delegación, incluido su hermano Gregory Anyaigwe Akubue y otros, la llevó a Lagos. Basta decir que mamá llegó a Lagos después de cumplir con todas las obligaciones tradicionales. La vida comenzó de nuevo en el siguiente capítulo de su vida, desde Ogbunike hasta Ogidi y Lagos. Posteriormente, papá fue trasladado a Kwale (también conocido como Ukwuani) en el actual estado de Delta, Nigeria.

Mamá reveló que tuvo doce embarazos, de los cuales sólo cinco sobrevivieron. Yo aún no había nacido cuando murieron la primera y la segunda hija. Nuestra primera hermana, la primogénita antes de que mi hermano mayor, el ingeniero civil Eric Ositadinma Akubue, nació y murió cuando era un bebé. La segunda hija, Philomena, era mi hermana mayor inmediata, después de quien nací. Los otros cinco nacieron muertos o murieron poco después del parto. Tres de los cinco niños supervivientes, dos mujeres y un varón, murieron más adelante en la vida. Bridget Akubue murió a principios de la década de 1960, antes de cumplir diez años. Era una niña de tez bastante clara, con cabello de color algo castaño rojizo. Era hermosa, obediente, respetuosa, leal, sociable y de personalidad muy agradable. La actriz que interpretó al personaje de Annie (Cynthia Watros) en la película del mismo nombre me recordó mucho a mi querida hermana Bridget. Rosaline Nnonyelum Chukwurah (Nee Akubue), mi hermana menor inmediata, murió en 1996, le sobrevivieron su esposo Christopher Chukwurah (quien también falleció en 2021) y siete hijos. Rose era muy compasiva, amable, cariñosa, atenta, comprensiva, empática, trabajadora y muy similar a mí en su comportamiento.

Mi querida madre, una mujer muy piadosa que se aseguró de que todos nos convirtiéramos en cristianos, murió en mayo de 1990, justo cuando finalmente estaba listo para cuidarla mejor y mostrarle mi agradecimiento por su incansable sacrificio para criarnos y darnos nuestra educación. Viajé a Nigeria en 1991 para ver y orar junto a la tumba de mi madre y agradecer a mis parientes maternos por sus esfuerzos para su funeral. Papá, quien hizo lo mejor que pudo como esposo y padre, murió en 1998 y yo viajé a Nigeria en 1999 para su funeral. Mi hermano mayor, el Ing. Eric Ositadinma Akubue, murió prematuramente el 5 de julio de 2021. Recibí llamadas telefónicas de mi sobrino y mi sobrina, el Dr. Nnaemeka Akubue y la Sra. Pamela Ndukwe (Nee Akubue) para informarme que su padre, mi hermano mayor, había muerto el 5 de julio de 2021. Ambas llamadas mostraban números nigerianos en mi teléfono móvil. El Dr. Nnaemeka, el primer hijo de Ricky, fue el primero en llamar con la trágica noticia. Le pregunté si estaba enfermo, a lo que respondió que no estaba enfermo. La segunda llamada desde Nigeria resultó ser la señora Pamela Ndukwe (Nee Akubue). Me sorprendió que estuviera llamando desde Nigeria, ya que vive en Seattle, WA, y no sabía que había viajado a Nigeria con su familia. Ella me dio la misma terrible noticia de la muerte de mi hermano. Cuando le pregunté por qué llamaba con un número de Nigeria, me dijo que ella y su familia estaban de visita en Nigeria. Además, me dijo que su padre ordenó que lo enterraran inmediatamente después de su muerte y sin demora. Eso me impulsó a preguntarle nuevamente si estaba enfermo, a lo que ella respondió que no estaba enfermo.

Le pregunté el motivo de su padre para darles esa instrucción si gozaba de buena salud. Explicó que su hermano menor, Kenechukwu Akubue, les dio la información cuando lo llamaron a Lagos para informarle sobre el fallecimiento de su padre. Según ella, Kenechukwu recordó una conversación que tuvo con su padre justo cuando estaba a punto de abordar un vehículo comercial de pasajeros para regresar a Warri, donde vivía su padre. Luego me preguntó si tenían mi aprobación para cumplir el deseo de su padre. Respondí que no era mi lugar dar aprobación y le recordé que su padre les dijo qué hacer en caso de su muerte. Más tarde me llamó para agradecerme por mi aprobación para enterrar a su padre inmediatamente, pero le respondí y le recordé que no les di esa aprobación porque siguieron las instrucciones de su padre.

Cuando le dije al P. George Muoba el relato de los hijos de mi hermano y dijo que lo que me dijeron no era cierto porque definitivamente sabía que mi hermano estaba enfermo en ese momento. Al parecer, mi único hermano mayor murió solo en su casa en Warri y fue descubierto por una criada cuando llegó por la mañana. Murió mientras dormía. Fue abandonado por su familia política, los miembros de la familia Okonkwo, trabajó muy duro para mantenerlos y sostenerlos económicamente. Meses después de la muerte de mi hermano, empezaron a ocurrirme cambios extraños, aunque maravillosos, en mi condición personal. Comencé a experimentar sentimientos poco comunes de bienestar, buena salud inusual, una felicidad que parecía natural y que no había sentido en mucho tiempo y risas abundantes que no me inhibían y no me daban dolores de cabeza. Sin embargo, extraño profundamente a mi madre Grace, mi hermana Bridget, mi hermana Rose, mi padre Jerome y mi hermano Ricky.

Mi Nacimiento y la Súplica de Mamá a Papá para Casarse con Ella en la Iglesia

Nací en Kwale (también conocido como Ukwuani), en el actual estado de Delta, Nigeria, hace más de seis décadas. Mi madre narró la historia de que iba en bicicleta camino a un mercado local en Ashaka, un pueblo vecino a unos kilómetros de Kwale, cuando de repente llegó a una duna de arena no muy elevada que le hizo caer con el estómago al suelo. El impacto de la caída indujo el parto y provocó mi nacimiento prematuro. Sobreviví, por muy difícil que fuera entonces para los bebés prematuros sobrevivir. Me dieron el nombre nativo Ikechukwu, lo que significa que mi supervivencia se debió a la intervención de nuestro Dios omnipotente y omnipresente. Este fue el comienzo de varios de los favores e intervenciones divinas de Dios en mi vida, lo que es el impulso para escribir este libro como testimonio de las numerosas intervenciones de Dios para evitar mi muerte inminente y prematura. Poco después de este milagro, ocurrió otro accidente que puso en peligro su vida. Mamá me tenía acostado en una cama donde yo reía felizmente, pronunciaba palabras de bebé, rodaba de un lado a otro, pataleaba y golpeaba el aire como hacen la mayoría de los bebés. Me bajé rodando de la cama y golpeé mi occipucio contra uno de los mangos puntiagudos de un caldero, que perforó mi frágil cráneo. La sangre brotó en el aire como agua de una fuente. Sobreviví porque así lo quiso el Señor, mi Dios. Todavía tengo el chichón en la nuca como prueba.

Nos mudamos de ciudad en ciudad mientras crecíamos porque a papá solían trasladarlo como empleado del Servicio Federal de Prisiones en cualquier momento. Papá y mamá se mudaron de Lagos, Nigeria, a Kwale, mi ciudad natal, antes de que yo naciera. Nos mudamos a Enugu, la capital del actual estado de Enugu y la antigua capital del entonces este de Nigeria. Todo el tiempo mamá, una católica devota, estaba agonizando por la obstinación de papá y su negativa a casarse con ella. Fue en Obubra, una ciudad en el actual estado de Cross River, donde la madre sufrió muchas palizas por parte de su padre cada vez que le rogaba su consentimiento para casarse con ella en la iglesia. Cuando era pequeño, yo era el único hermano que intervenía para intentar evitar que papá abusara físicamente de mamá. En la mayoría de los casos, también me golpeaba a mí, además de a mamá, en mi inútil intento de detenerlo. Entonces sucedió: papá experimentó una epifanía y una conversión. Papá no le puso las manos encima a mamá la siguiente vez que ella le suplicó que se casaran en la iglesia. Con mamá y papá con su traje tradicional igbo y nosotros, sus hijos, flanqueándolos a izquierda y derecha, la boda fue celebrada en el salón de la iglesia de la escuela primaria St. Francis por un reverendo padre irlandés a fines de la década de 1960. ¡Madre llevó a papá a Jesús en fe! A partir de entonces, papá se convirtió en un cristiano dedicado. A Dios sea la gloria.

Para que no lo olvide, me inspiré para escribir sobre la terrible experiencia de mi madre después de leer sobre Santa Mónica, una de las primeras santas africanas de Argelia, y su hijo San Agustín. Santa Mónica se casó temprano en su vida con un pagano romano de mal genio llamado Patricio mientras estaba en comisión de servicio en la ciudad de Tagaste de Santa Mónica, en la actualidad Souk Ahras, Argelia. Mónica oró incansable e incesantemente por la conversión de su marido y de Agustín, su hijo descarriado, al cristianismo. Patricio cambió de opinión más tarde y se convirtió al cristianismo y permitió que sus hijos fueran bautizados, antes de morir un año después de su conversión. Santa Mónica es reconocida como la patrona de las esposas y las víctimas de abusos, y su fiesta es el 27 de agosto.

El hecho de que yo fuera el único hermano que interviniera cada vez que papá abusaba físicamente de mamá no fue nada inusual ni un evento aislado en mi vida. Uno tiene que centrarse en el propósito que Dios le ha dado. Nadie se metió con mamá bajo mi vigilancia. Mamá fue franca acerca de la verdad y de conocer la verdad, creyendo que "…la verdad os hará libres" (Juan 8: 32). Sabía que podía depender de mí para que le dijera la verdad cada vez que algo andaba mal. Mamá dijo abiertamente que yo era el hijo al que más amaba. Yo le suplicaba que dejara de decirlo delante de todos sus hijos por temor de que algunos de ellos se volvieran contra mí cuando ella regresara al Señor, nuestro Dios en el cielo. Mamá estaba, sin embargo, decidida a hacernos saber sus sentimientos y mi súplica fue en vano. Sin embargo, creo que hay cierta legitimidad en la observación de Sigmund Freud de que un hijo que se cree el favorito de su madre tiene durante toda su vida la confianza de que nada puede cambiar. Le creí a mamá. Mi hermana menor inmediata, Rosaline, era similar a mí en comportamiento y era mi aliada. Nuestro hermano mayor Eric y Patricia, la más pequeña por defecto, son similares en comportamiento y eran aliados. Mi madre mantuvo a su hermano mayor, el tío Benjamin Chiobi Obike, al tanto de todo lo que yo hacía en su defensa. Supongo que por eso el tío Ben tenía expuesta en su salón o sala de estar mi fotografía ampliada de cuando me gradué con una maestría en 1982 en la Universidad Marshall, Huntington, Virginia Occidental, EE. UU. (Obi en idioma igbo). Yo era el único entre varios sobrinos y sobrinas a quien el tío Ben honraba tanto.

Mis Años de Niñez hasta la Edad Adulta

Cuando era niño, cada vez que papá o mamá me daban dinero para salir a comprar algo que necesitaba en casa, le daba el dinero al primer mendigo que encontraba. Recibiría una buena azote de papá como castigo por regalar el dinero y regresar a casa sin el artículo que se suponía que debía comprar. Dar dinero que no era mío a los mendigos y recibir los azotes de papá se volvió tan frecuente que mamá tuvo que intervenir suplicándole a papá que me perdonara porque yo solo tenía el propósito que Dios me había asignado en la vida. Le advirtió que podría resultar herido permanentemente si no cesaban los azotes. Ese barco zarpó antes de la advertencia de mamá. Hoy vivo con el trauma porque mis manos no están firmes por estar siempre tensas.

Recuerdo haber hecho los exámenes del Consejo de Exámenes de África Occidental en 1971. Para la química, nos asignaron realizar valoraciones en el laboratorio. Se suponía que debíamos poner algunas cucharadas de un polvo químico en un tubo en U que contenía una solución líquida. Varios intentos de introducir el polvo químico en el tubo en U acabaron con mi camisa y mis pantalones. Recé para que Dios viniera en mi ayuda para que este polvo químico entrara en el tubo y no en mí. Funcionó. Tenía el polvo en el tubo y llegué con éxito a la cifra de respuesta correcta requerida para el experimento. Sin embargo, papá me dijo que una vez, cuando intentó darme otra paliza, lo miré directamente a los ojos y le pregunté: "¿un niño azota a su padre?" Papá dijo que escuchar esta pregunta de boca de su pequeño hizo que dejara el bastón y nunca más me azotara.

Descubrí temprano en la vida que obtenía mucho placer y felicidad al ayudar a los demás y que no me importaban los elogios ni que me agradecieran. La emoción y la alegría que siento ante la perspectiva de ayudar a alguien tal vez sean inusuales, pero esa siempre ha sido mi naturaleza. Al igual que John Andrew Holmes, creo que no hay mejor ejercicio para el corazón que agacharse y levantar a las personas. Lo extraño, sin embargo, es que cuando comparto lo que tengo con otros parece que recibo más a cambio. Quizás eso es lo que quiso decir Josh S. Hinds cuando comparó la vida con un boom-a-rang, diciendo que cuanto más bien tiras, más recibes a cambio. La concisa observación de Winston Churchill de que nos ganamos la vida con lo que recibimos, pero hacemos una vida con lo que damos, es tan buena como cualquier explicación que pueda ofrecer sobre el hecho de que encuentro placer en dar. Muchas personas predijeron que abandonaría mi disposición innata y dada por Dios de dar, compartir, buscar la justicia, la verdad, contribuir y disfrutar de ver a las personas felices. Ellos estaban equivocados. Más bien, este acto de dar y cuidar se fue intensificando a medida que crecía. Me siento atraído e interesado en los motivadores comunes entre las personas que han alcanzado su nivel de autorrealización según la Jerarquía de necesidades del psicólogo Abraham Harold Maslow. Estas personas están motivadas por la justicia, la dignidad humana, la sabiduría, la equidad, la verdad, el significado, el respeto, la equidad, el deseo de ayudar a los demás y un fuerte sentido de ética personal y responsabilidad. Estos son factores que me importan mucho a medida que envejezco.

Como me describo, haciéndome eco de la acertada declaración del del Rev. P. Beato Ambang Njume: Estoy a favor de la verdad, sin importar quién la diga, y estoy a favor de la justicia, sin importar quién esté a favor o en contra. También respeto a los que me dicen la verdad, por muy dura que sea. Mientras que un proverbio africano dice que quien dice la verdad no tiene amigos, Platón decía lo mismo: que nadie es más odiado que quien dice la verdad. Esa ha sido mi experiencia y mi suerte como alguien que no compromete la verdad, no la endulza ni se conforma con medias verdades. Una de las pruebas más verdaderas de integridad, destacó el ícono literario Chinua Achebe, es su negativa a verse comprometido. Hay muchas personas en el mundo actual para quienes la verdad se ha convertido en un alérgeno. Una práctica interesante es que cuando un individuo que odia a alguien no se siente satisfecho con hacerlo por sí mismo, se embarca en involucrar a otros en la movilización del resentimiento contra esa persona.

El actor de Hollywood Denzel Washington tenía razón al decir que a algunas personas nunca les agradarás porque tu espíritu irrita sus demonios. Un amigo me dijo una vez que el primer signo de estupidez es heredar enemigos ajenos como señal de lealtad. No tengo muchos amigos. A pesar de no tener muchos amigos, me encuentro feliz y no desanimado. Sé que Dios por sus intervenciones divinas en mi vida tiene algo que ver con mantenerme feliz. Tengo que hablar cuando alguien está siendo acosado, intimidado, acusado falsamente, menospreciado, utilizado, atacado injustamente o convertido en chivo expiatorio. No podría estar más de acuerdo con el dicho de que no hablar en contra del mal y oponerse a él es no obedecer a Dios. Supongo que mi madre me crió y Dios me preparó para ser quien soy. Como dije antes, mi madre era una católica devota que se levantaba muy temprano en la mañana cada domingo para estar en la iglesia y ayudar a barrer y ponerla en orden antes del servicio religioso. Regresaba y se aseguraba de que todos sus hijos estuvieran listos para ir a la iglesia. Mi madre, Grace Oliji Akubue (Nee Obike), era el tipo de mujer que, cuando sus pies tocan el suelo cada mañana, el diablo dice: "¡Oh, mierda, se ha levantado!".

Mi Educación Católica y la Educación Terciaria No Universitaria

De acuerdo con la tradición habitual, recibí el sacramento del bautismo cuando era un bebé sin mi consentimiento ni participación. ¡Por esto no guardo arrepentimientos, rencores ni indignación! Mi carrera en la escuela primaria fue en la escuela primaria St. Francis, una escuela católica, en Obubra a finales de los años cincuenta y principios de los sesenta. Pasé por el ritual católico que me calificó para recibir la Sagrada Comunión. Luego, pasé por el ritual que me preparó para el sacramento de la confirmación y fui confirmado en la ciudad vecina de Iyamoyong por el obispo Thomas McGettrick, un misionero nacido en Irlanda cuando era obispo de Ogoja. En mi época, la escuela primaria constaba de clase uno, clase dos, estándar uno, estándar dos, estándar tres, estándar cuatro, estándar cinco y estándar seis, para un total de ocho años de educación primaria. Mi grupo de estudiantes de primaria en la escuela primaria St. Francis tomó nuestro primer examen de certificación de fin de escuela del quinto grado, junto con los alumnos del sexto grado; marcando así la transición de la escuela "primaria" a la "elemental" en 1963.

La vida sin papá durante la Guerra Civil Nigeriana en el pueblo de Umuanugwo, Uru, Ogidi

Cuando llegó el momento de mi educación secundaria, fui admitido en el All Saints Technical Institute (ASTI Varsity), Ogbor Hill, en Aba, una ciudad comercial en la actual Estado de Abia. Después de un año en esa escuela, fui admitido y me transfirieron a la escuela secundaria St. Brendan, Iyamoyong, un pueblo muy cerca de Obubra donde vivían mis padres y mis hermanas. Estaba en mi tercer año (clase tres) en la escuela secundaria St. Brendan cuando comenzó la Guerra Civil Nigeriana e interrumpió la educación de los estudiantes en la Región Oriental de Nigeria de 1967 a 1970. Dejé Iyamoyong para regresar a Ogoja, donde mi padre había sido transferido desde Obubra. Como medida de precaución, papá alquiló un camión de madera de tamaño considerable (Lorry como lo llamábamos entonces) para transportar a mamá y a todos los niños a Ogidi. Papá racionalizó esta acción diciendo que le resultaría más fácil valerse por sí mismo sólo cuando estallara la Guerra Civil de Nigeria, tenga la seguridad de que estábamos a salvo en Ogidi. Desafortunadamente, papá no llegó a casa cuando comenzó la guerra, lo capturaron y permaneció del lado nigeriano. Nos vimos obligados a vivir sin papá durante la guerra. Fue una experiencia desgarradora para mamá y para nosotros pasar la guerra sin papá. Se dice que la fe es no saber lo que le deparará el futuro a mi familia, pero yo no me rendí porque la fe es saber, cómo lo sabía, que Dios tiene el futuro. Mi fe en el Señor, mi Dios, era fuerte y sin duda alguna.

Habiendo vivido toda nuestra vida de una ciudad a otra, mi familia no tenía ningún ganado domesticado en el pueblo que pudiera considerarse propio. Tuvimos que aprender desde cero cómo sobrevivir a la vida sin papá en el pueblo. En cada ciudad en la que vivíamos, papá alquilaba acres de tierra para cultivar. Trabajamos con mamá y papá en las granjas, utilizando el método agrícola de tala y quema para preparar la tierra para el cultivo. Aprendimos a labrar la tierra para hacer surcos y montículos en forma de pirámide para sembrar diferentes cultivos. Sembramos plántulas de ñame en el centro de los montículos y yuca en la periferia de los montículos. Plantamos leguminosas, maní, calabazas, okra, semillas de melón, ñame de coco, plátanos y tallos de plátano, etc., en la granja. Cuando nos vimos obligados a vivir sin papá en la aldea, inmediatamente aprovechamos nuestra experiencia agrícola y abrazamos la agricultura durante la guerra y trabajamos duro en cada temporada de siembra para asegurarnos de que la familia estuviera bien alimentada. Cultivábamos prácticamente los mismos cultivos que en las ciudades.

Mi Encuentro con una Mujer Espíritu Visible que Me Hizo Huir del Mercado el 4 de Noviembre de 1968

Nuestra estrategia fue un enfoque múltiple, profundizando en diferentes proyectos legales. Mi hermano Eric Ositadinma Akubue se asoció con un primo nuestro, Patrick Ekesiobi, para abrir un restaurante al que le estaba yendo muy bien. Me dediqué al comercio y fui a los mercados de diferentes ciudades a comprar cosas para revender. El miércoles 4 de septiembre de 1968, mi amigo Obiora Unobuagha y yo nos dirigimos en bicicleta al mercado de Afor en Umunya, una ciudad a unas quince millas de distancia en el gobierno local de Oyi en el estado de Anambra, Nigeria. Llegamos al mercado, apoyamos nuestras bicicletas contra los árboles cercanos y nos dirigimos hacia la plaza del mercado. Mientras caminaba, una anciana con un bastón de madera apareció frente a mí y caminaba directamente hacia mí. Me moví hacia la derecha para evitar toparme con ella, pero ella se movió hacia la izquierda con la intención de bloquearme. Nuevamente giré a mi izquierda para evitarla, pero ella me bloqueó moviéndose hacia su derecha. En ese momento decidí que había terminado de intentar evitarla, y al momento siguiente, estaba cara a cara con ella.

La mujer me dijo "Hijo, abandona este mercado inmediatamente", antes de que iniciaran los bombardeos y los disparos de artillería en el mercado por parte de los aviones de combate y las tropas en la cercana Abagana.

Sin discutir con ella, rápidamente me di la vuelta y caminé rápidamente hacia mi bicicleta. Cuando miré por encima del hombro esperando ver a la anciana, ella ya no estaba y no estaba a la vista. Pensé para mis adentros que, una mujer de su edad no podría haberse movido con tanta agilidad unos segundos después de advertirme que abandonara las inmediaciones del mercado. Llamé a Obiora y le dije que teníamos que salir del mercado lo más rápido que pudiéramos. Al momento siguiente estábamos ambos en nuestras bicicletas pedaleando mientras la gente se convencía de que era una cuestión de vida o muerte para ellos. No habían transcurrido ni diez minutos desde que estábamos en camino cuando se desató el infierno: habían comenzado los bombardeos y los disparos en el mercado. Mientras íbamos muy rápido por el camino estrecho de regreso a casa, un bombardeo errante cortó una palmera por la mitad, pero logré pasar antes de que cayera bloqueando el estrecho camino . Miré hacia atrás y vi que Obiora se había caído de su bicicleta. Lo llamé instándolo a levantarse, llevar su bicicleta por encima de la palmera caída y seguir andando. Él lo hizo. ¡Gracias a Dios!

Estuvimos pedaleando incansablemente hasta llegar de regreso a nuestra ciudad natal, Ogidi. Caímos al suelo por el cansancio e inmediatamente fuimos rodeados por una multitud, muchos de los cuales preguntaban al unísono: "¿Qué pasó?" Narramos nuestra historia y algunos entre la multitud comenzaron a llorar histéricamente en voz alta, golpeándose el pecho mientras caminaban apresuradamente en dirección a Umunya, sin saber el destino de sus seres queridos que habian ido al mercado de Afor Umunya ese día. Cuando finalmente llegué a casa y les narré lo que pasó a mamá, a mis hermanos y a los miembros de nuestra familia, pasaron de quedarse sin palabras a imaginar lo que podría haber sido y llorar.

No supe la magnitud de las muertes en el mercado ese día hasta 2007, cuando estuve en Nigeria de visita desde Estados Unidos. Estaba en el famoso mercado de Onitsha con una buena amiga de mi esposa enferma, Georgina Ngozi Akubue, para comprar algunos materiales de construcción para una casa de retiro que estaba construyendo en Ogidi. Estaba preguntando los precios de lo que necesitaba cuando me llamó la atención el dialecto igbo del dueño de la tienda. Le pregunté de qué parte del territorio igbo era y supe que era de Umunya, la misma ciudad donde tuvieron lugar los bombardeos y tiroteos del mercado. Estaba convencido de que venir a la tienda de este hombre, de todas las tiendas que había alrededor, no era una mera coincidencia. Empecé admitiendo que no sabía si tenía edad suficiente para saber algo sobre el incidente que tuvo lugar en el mercado de Umunya el 4 de septiembre de 1968. Quería saber si había muerto gente ese día en el mercado. Me preguntó inmediatamente si estaba en el mercado ese día. Respondí afirmativamente, pero le dije que me fui antes del bombardeo y los tiroteos. Me dijo que la gente fue masacrada, incluido su padre. Fue este día en 2007 que supe que muchas vidas se perdieron aquel día de mercado de Afor en Umunya, cuarenta años después. ¡Que sus dulces almas descansen en la paz de Dios!

El difunto Jefe Timothy Nwanekwe Udegbunam, padre del reverendo padre Michael Udegbunam, sacerdote y pastor a cargo de la iglesia católica St. Anne, en Colorado City, y de la iglesia católica St. Joseph, Loraine, Texas, fue asesinado en el mercado ese día. Fue cuando me presenté al P. Michael Udegbunam y le hablé de mi encuentro con la mujer desconocida en el mercado que me dijo que su padre fue asesinado ese día mientras estaba en el mercado. Resultó que el P. Michael Udegbunam es oriundo de la ciudad de Umunya, donde estaba situado el mercado bombardeado. Expresó su asombro ante el aspecto de la anciana, dijo que yo era una persona especial y que le gustaría conocerme. ¿Quién era la anciana que me dio el soplo? ¿Un Ángel a quien el amor de Dios me encomienda aquí en la tierra? ¿Intervención divina? ¡Absolutamente!

Matar perdices con mi tirachinas

A mí también me gustaba cazar, armado con una honda (catapulta) siempre y con la esperanza de llevar a casa una fuente de proteínas muy necesaria en mi comida familiar. Un día, mientras cazaba, vi pasar una bandada de perdices volando por encima. Apunté mi honda al rebaño. Vi el proyectil pasar junto a los pájaros sin alcanzar a ninguno de ellos. Cuando me di la vuelta para abandonar el área, escuché que algo pesado golpeó el suelo de manera audible. Me di vuelta y allí en el suelo había una perdiz de espaldas pataleando convulsivamente. Me agaché y recogí al pájaro que estaba muy cálido. Mirando fijamente al pájaro, dije: "Sé que el proyectil de mi honda no te alcanzó porque lo vi pasar entre dos pájaros y por encima de la bandada. Sé que es mi Dios misericordioso quien te ha dado a mí para que mi familia y yo podamos comer carne con nuestra comida. El Señor me ha bendecido con uno más en la serie de sus favores e intervenciones divinas."

Mi hermana pequeña, Patricia, me vio llegar por el camino de entrada acercándome a nuestra casa con un pájaro en la mano. Ella inmediatamente gritó emocionada diciendo: "¡Mamá, Tony le ha disparado a una perdiz! ¡Mamá, Tony ha cazado una perdiz! ¡Mamá, Tony ha cazado una perdiz!" Cuando se acercó a mí, le aseguré que yo no habia matado al pájaro, que todo era obra de Dios que quería que tuviéramos carne con nuestra comida. ¡Mamá estaba feliz y orgullosa de mí! Eché la perdiz muerta en un balde y le echaron agua caliente para que fuera más fácil desplumarla. Mamá cocinó una deliciosa sopa de verduras con la carne y todos disfrutamos de una cena de fufu. ¿Intervención divina? ¡Absolutamente!

Mi Relación con Mis Dos Tíos Paternos Durante la Guerra

La relación entre mi familia y mis dos tíos paternos, Boniface Nweke Akubue y John Nwobu Nwafor Akubue, durante la guerra fue tibia y tenue. Mis tíos no fueron muy generosos con mi familia, pero sintieron que tenían la autoridad para decirnos a mi madre y a nosotros qué hacer y qué no hacer. Mi tío, Boniface Akubue, le dio a mi hermano mayor, Eric Akubue, una bofetada, humillándolo. Cuando vi la expresión del rostro de mi hermano, supe que algo andaba mal. Le pregunté qué había pasado y por qué tenía esa cara triste. Me dijo que el tío Boniface le había dado una bofetada. Estaba furioso. Salí inmediatamente a buscar al tío Boniface para preguntarle por qué habia abofeteado a mi único hermano. Me encontré con él cuando estaba a punto de montarse en su bicicleta para ir a algún lado. Pedí hablar con él sobre mi hermano a quien abofeteó.

Me hizo saber de inmediato que no me debía ninguna explicación por haber agredido a mi hermano mayor. Insistí en que me dijera el motivo por el que abofeteó a mi hermano. Me trató con desprecio e indiferencia. Cuando no solté su bicicleta mientras él intentaba irse, dejó que su bicicleta se apoyara en su soporte mientras corría hacia un arbusto cercano, le cortó un tallo y regresó para azotarme con él. Del mismo arbusto saqué un tallo para mi y me batí en duelo con él. La pelea continuó hasta que estuvo demasiado cansado para seguirme. Levantó el soporte de su bicicleta y se apresuró a montarla mientras yo continuaba azotándolo y pedaleando.

"¡Ahora sabes que es mejor no ponerle las manos a mi hermano mayor nunca más!", le grité al tío que huía.

Mi siguiente encuentro fue con el tío John Nwafor Akubue, el más joven de mis tíos paternos. Una vez vino a nuestra casa para decirle a mi madre que mi hermano Eric no podía compartir las comidas en casa con nosotros porque él y nuestro primo Patrick tenían un restaurante y él debería comer allí. Si bien él no era quien para dar esta "orden", la cual erainjustificada porque él no estaba proporcionando los alimentos que mamá cocinaba. Le hice saber que mi hermano comería con nosotros cuando quisiera, restaurador o no. Sintió que estaba siendo irrespetuoso y que debía recibir una lección de deferencia. Me sacó físicamente y me tiró al suelo. Tenía su cuello aprisionado con el brazo y no lo soltaba, por mucho que intentara liberarse. Mientras tanto, los gritos de mi madre de que el tío John iba a matar a su hijo habían atraído a una multitud de familiares que le suplicaban a mi tío que me soltara.

Sin que ellos y mi madre lo supieran, era yo quien lo tenía en problemas y no lo soltaba. Cuando se descubrió que yo era quien lo sujetaba con una llave de brazo, mamá comenzó a suplicarme que lo soltara. Escuché la súplica de mi madre y lo solté con la advertencia de que nunca más viniera a la casa de mi padre para dictar órdenes, especialmente sobre quién debería o no participar de las comidas familiares. Los globos oculares del tío John parecían estar a punto de salirse de sus órbitas. Me negué a permitir que nadie, ni siquiera los hermanos de mi padre, nos maltrataran porque mi padre estaba retenido en el lado federal mientras la guerra secesionista de Biafra estaba en pleno apogeo. Durante la guerra me quedó claro que en la prosperidad nuestros amigos nos conocen, a diferencia de lo que sucede en la adversidad, cuando nosotros conocemos a nuestros amigos. Mis tíos no fueron tan amigables con nosotros durante la guerra con la ausencia de mi padre como lo fueron con nosotros antes de la guerra con mi padre, su hermano mayor, cerca.

Durante la Guerra Furiosa

No pasó un día en el que no pensara en mi padre. Recuerdo que estábamos orando a Dios porque no estábamos seguros de si nuestro padre estaba vivo o muerto. La guerra estaba pasando factura: muchos familiares morían de hambre, estaban desnutridos y padecían cólera y kwashiorkor, junto con los síntomas del estómago distendido de los afectados. Perdimos a mi primo Vincent Akubue, hijo del tío Boniface Akubue, a causa del cólera y el kwashiorkor. En ausencia de una base militar alrededor, los aviones de combate enemigos volaban muy bajo disparando cohetes y arrojando bombas por todas partes. Tan pronto como se escuchó el sonido de los aviones de combate, las familias corrieron a refugiarse en sus búnkeres. La mayoría de las familias construyeron sus propios búnkeres, construidos bajo tierra y techados con troncos de palmera cubiertos con tierra arcillosa. Las familias permanecieron en los búnkeres hasta que se anunció la señal de que todo estaba despejado. Recuerdo un día que apareció inesperadamente un luchador y tomó por sorpresa a la mayoría de la gente. El caza, volando muy bajo, disparó un cohete que mató a una mujer en la residencia contigua a la nuestra. La mujer estaba en la cocina preparando la comida familiar. Así fue como la familia perdió a su querida hermana Okwunu Nwanyinkwo Ajanuta.

Mientras tanto, la guerra continuaba y nos enfrentábamos a la onerosa y aterradora tarea de sobrevivir a la guerra y a las intrigas de algunos miembros de nuestra extensa familia. Yo era un adolescente en ese momento, y debido a la escasez de soldados que luchaban contra las fuerzas terrestres nigerianas, los jóvenes eran reclutados o enlistados de forma obligatoria en el ejército de Biafra, entrenados a toda prisa y enviados al frente de guerra para enfrentar a las tropas nigerianas. A las aldeas de mi ciudad, Ogidi, se les exigía que contribuyeran periódicamente con cuotas específicas de hombres jóvenes para su enlitamiento en los soldados combatientes de Biafra. Los ancianos de cada aldea convocaban reuniones ocasionalmente con el fin de nombrar jóvenes en sus respectivas aldeas para cubrir la cuota asignada. Un día después de dicha reunión de ancianos, se me filtró en secreto información de que mi tío, el Sr. Boniface Akubue, ohaba ofrecido mi nombre para incluirlo para completar la cuota de mi aldea. Muy temprano en la mañana del día siguiente salí de mi pueblo para caminar hasta el pueblo de Alor, un destino a varios kilómetros de Ogidi. En Alor se encontraba el cuartel general de los ingenieros del ejército de Biafra. Mi propósito del viaje era enlistarme como ingeniero militar. Fui allí en compañía de un tal Henry, otro chico de mi pueblo.

Los dos solicitamos la inscripción y fui seleccionado. Henry fue seleccionado en su segundo intento. Después de la capacitación, nos trasladaron a nuestra base en la escuela secundaria St Dominic, Abatete, estado de Anambra, Nigeria. Como ingenieros del ejército, estábamos diseñando y desarrollando minas terrestres, u Ogbunigwe (aquello que mata a multitudes de personas a la vez cuando detona), para desplegarlas en el frente de guerra en Nkpor, un lugar muy activo y peligroso. No teníamos camiones para transportar las minas terrestres, así que las cargábamos sobre nuestras cabezas y trabajábamos varios kilómetros hasta donde eran necesarias. Cada mina terrestre era un recipiente cónico de madera lleno de extremos y puntas de metal afilado y vidrio, lo que las hacía muy pesadas. Era nuestra responsabilidad garantizar que la disponibilidad de la minas en el instante en que fueron necesarias. Henry fue desplegado en este cruce activo de Nkpor. Casi me desplegaron más tarde, salvo por la oportuna intervención del Sargento Mayor de nuestro campamento de unidad.

Un día, fue por la tarde cuando escuchamos el silbido del Chop Parade (una señal de silbido que significaba que era hora de hacer cola para comer). Sin que lo supiéramos, fue un subterfugio destinado a tenernos a todos alineados y listos para que el Oficial al Mando (OM) apareciera y seleccionara a algunos de nosotros para desplegarnos en el frente de guerra. El OM me mencionó y dijo que no estaba muy satisfecho con la forma en que yo estaba desempeñando mi papel en el campamento. Justo antes de que pudiera llamarme entre los que iban a ser desplegados, el Sargento Mayor se acercó rápidamente a mí y me golpeó fuerte en la cabeza con su bastón, ordenándome que me retirara de la asamblea. Vi estrellas momentáneamente cuando el palo aterrizó en mi cabeza. De todos modos, así fue como escapé del despliegue en el frente de guerra. Creo que el sargento era de Obubra, donde una vez estuvo destinada mi familia. Se casó con una mujer igbo de Nnewi, estado de Anambra en Nigeria. Le agradaba a esta señora y siempre se relacionaba conmigo como una hermana lo haría con su hermano. Ella y su esposo, sargento mayor, fueron el conducto que Dios usó para evitar que me desplegaran y me mantuvieron con vida.

Henry fue asesinado por un francotirador en el frente de guerra del cruce de Nkpor cuando intentaba apoderarse de los uniformes del ejército que habían dejado los soldados federales en retirada. Muchos de los soldados que luchaban por Biafra no tenían uniformes, lo que generó la motivación o el incentivo para apoderarse de los uniformes que dejaban atrás cada vez que los soldados de Biafra obligaban a las tropas federales a retirarse de sus ubicaciones. Yo fui el encargado de comunicar la triste noticia de la muerte de Henry a su familia. Cierta tarde del mes de enero, estaba de centinela en la entrada principal de nuestra base cuando un transeúnte me informó que la guerra había terminado y que me matarían si las tropas federales me veían empuñando mi arma. Esas fueron buenas y felices noticias para mí, ya que dejé mi arma en el bosque cercano y me dirigí al campo de refugiados en las instalaciones de la Iglesia Anglicana de San Esteban, Nnokwa, donde mi madre y mi hermana estaban a varios kilómetros de distancia.

La guerra terminó, sobrevivimos, y llegó la noticia de que papá estaba vivo en Enugu

Mamá y mi hermana estaban muy felices y agradecidas con Dios por haber sobrevivido a la Guerra Civil. Mi primo, Linus Akubue y mi hermano, Eric Akubue, también llegaron a St. Stephen días después, habiendo sobrevivido también a la guerra. La única persona que no estaba contenta de que nosotros tres no muriéramos en la guerra era la esposa de mi tío Boniface Akubue, Ogbenyeanu. Lloró cuando llegué al campo de refugiados mientras mi madre y mis hermanas estaban jubilosas y me abrazaban. Ella hizo lo mismo cuando mi hermano y mi prima llegaron al campamento. Conociéndola tan bien como la conocía, diría que la razón de su comportamiento era que mi hermano, mi prima y yo éramos todos mayores que sus hijos. En consecuencia, mientras estuviéramos vivos, sus hijos nunca serían líderes del clan Akubue en el futuro cercano. Era triste y desafortunado que esa fuera su disposición, pero nada sorprendente.

Sea como fuere, la guerra había terminado y la necesidad inmediata era cómo regresar a casa, Uruowa Umuanugwo, Ogidi de Nnokwa. Una opción viable era alquilar un camión o un autobús que nos llevara a todos a casa. Con poco o ningún dinero en ese momento, esperábamos que el regalo de Dios de un buen samaritano propietario de un autobús o camión viniera a rescatarnos. Y así fue, el propietario de un camión nos llevó a nosotros y a nuestras escasas pertenencias a casa sanos y salvos. Al llegar nos alegramos muchísimo al ver que nuestra casa no había sido demolida y estaba intacta. Mientras cantábamos alabanzas a Dios, supe que no era una mera coincidencia que nuestra casa estuviera intacta, sino que se debía a la providencia. Cuando terminamos de sacar nuestras pertenencias del camión y meterlas en la casa, le agradecimos a nuestro Buen Samaritano y le dijimos adiós con la mano mientras se alejaba.

La transición de ser refugiados de guerra en las instalaciones de la Iglesia Anglicana de San Esteban a regresar a casa después de haber sobrevivido a la Guerra Civil fue completa. La exigencia inmediata era cómo gestionar el proceso de empezar de nuevo para asegurar nuestro sustento. Gracias a Dios fuimos criados sin miedo a trabajar duro como cuestión de supervivencia. Nos enseñaron y nos acostumbraron al trabajo agrícola antes de la guerra. Sin dudarlo, mi hermano Eric y yo tomamos nuestras azadas y machetes y nos dedicamos a la agricultura. Estábamos trabajando como de costumbre en nuestra finca labrando la tierra y haciendo surcos para sembrar yuca, legumbres, batatas, calabazas y diferentes hortalizas. Fue mientras trabajábamos duro que experimentamos algo milagroso. Escuchamos el sonido de una motocicleta que se acercaba, la cual pensamos que pasaba rumbo a un pueblo vecino. En cambio, la motocicleta se detuvo al costado de la carretera, no lejos de donde mi hermano y yo estábamos trabajando. El motociclista era alguien que conocía a mi familia y nuestra residencia. Primero fue a nuestra casa y preguntó por mi hermano y por mí y le dijeron que estábamos en la granja. Nuestra madre le dio indicaciones para llegar a la finca donde estábamos. Una vez que se detuvo al borde del camino cerca de nuestra granja, nos llamó por nuestro nombre. Habiendo confirmado por nuestra respuesta que éramos las personas que estaba buscando, caminó hacia nosotros y después de intercambiar saludos, le entregó un sobre dirigido a mi hermano. Reconocí la letra del sobre como la de nuestro padre.

Papá estaba vivo y vivía en Enugu. Según el portador de la buena nueva, nuestro papá logró pasar de contrabando una carta a través de un buen samaritano que, como sólo Dios lo haría posible, encontró al portador que conocía a mi familia. No hace falta decir que había júbilo en el cielo cuando abandonamos la granja y corrimos a casa para dar la noticia. El ambiente era festivo entre los miembros del clan Akubue. Apenas podía controlar mis emociones, habiendo orado incansablemente a Dios para que mantuviera a papá con vida. No podíamos esperar a ir a Enugu para reunirnos con él. Recordemos que la última vez que lo vimos fue cuando hizo un arreglo especial para un camión que nos llevaría a mamá, a Eric, a Rosaline, a Patricia Akubue y a mí a casa en Uruowa Umuanugwo, Ogidi. Papá se quedó atrás para continuar con su trabajo como director de prisión, diciendo que le sería más fácil valerse por sí mismo y escapar y regresar a casa al comienzo de la guerra en 1967. Papá no pudo escapar al territorio de Biafra cuando la guerra comenzó y estuvimos sin él durante los tres años que duró la guerra.

Feliz Reencuentro con Papá en Enugu

Uno puede imaginar nuestro estado de ánimo ante la perspectiva de unirse a él. Finalmente, cuando se encendió la luz verde que indicaba que era seguro viajar, el tío Boniface Akubue fue el primero en viajar a Enugu para abrazar a su hermano mayor: mi padre. Papá nos había descrito en la carta que nos envió de contrabando dónde vivía, en el cuartel del Guardián, junto al aparcamiento de Enugu. El tío Bonny lo encontró. ¡Te dejo a ti imaginar lo que pasó cuando se encontraron! Un jubiloso tío Bonny dijo que estaba muy feliz por la oportunidad de entregarle la responsabilidad de ser patriarca del clan Akubue a su hermano mayor, una responsabilidad que asumió por defecto y administró durante la guerra en su ausencia. Mamá, Patricia, Eric y yo dejamos Ogidi a su debido tiempo después de mucha preparación y arreglos para asegurar que todo estuviera en orden antes de reunirnos con papá en Enugu.

Rosaline fue entregada en matrimonio en mi ausencia por el tío Bonny durante la guerra cuando ella todavía era una adolescente. Eso explica su ausencia en el campo de refugiados de Nnokwa y no estar con nosotros en el viaje a Enugu. Se había convertido en la Sra. Rosaline Nnonyelum Chukwurah (Nee Akubue). ¡El reencuentro con papá fue algo digno de contemplar! Que papá estuviera vivo los últimos tres años lejos de nosotros era una realidad que sólo Dios podía proporcionar. ¡Hubo muchos abrazos y lágrimas de alegría! En el almacén de papá había bolsas de arroz, frijoles negros, ingredientes para preparar sopa y otros alimentos que había comprado esperando la reunión.

Papá se había jubilado del Departamento de Prisiones Federales y en ese momento trabajaba como recepcionista dirigiendo a los visitantes a las oficinas y funcionarios adecuados en el Ministerio de Impuestos Internos. Habiéndose retirado como Guardián y alojado temporalmente en el cuartel de los Guardianes hasta el final de la guerra, papá ya no era elegible para vivir en el cuartel de los Guardianes. Tuvimos que mudarnos a un apartamento alquilado en algún lugar de la ciudad de Enugu. Como papá tenía que trabajar entre semana, solo teníamos los fines de semana para mudarnos después de encontrar dónde mudarnos. Pasó un tiempo antes de que finalmente encontráramos un apartamento de una habitación en el número 7 de Hassan Lane, Uwani, Enugu, a unos pocos kilómetros de distancia.

Viviendo en Enugu después de la Guerra Civil, Reanudando la Educación Secundaria y el Llamado al Sacerdocio

En este apartamento vivíamos papá, mamá, Patricia y yo. Mi hermano Eric vivía lejos de nosotros como funcionario en ese momento. Había varios carriles adyacentes entre sí, todos originados en la avenida Zik (llamada así en honor al Dr. Nnamdi Azikiwe, el primer gobernador general nativo de la Nigeria colonial), la calle principal de la ciudad y terminando en el borde sur del campus de Bigard Memorial. Seminario Mayor. Muchos inquilinos vivían en esta dirección, incluido el propietario de la propiedad, el abogado B. D. O. Anyaegbunam y su familia, también de Ogidi.

Después de que tuvimos tiempo de instalarnos en nuestra nueva dirección, me matriculé como estudiante en el Colegio de la Inmaculada Concepción (CIC), Uwani, Enugu, una escuela secundaria católica, donde el Reverendo Hermano

Aloysius Palmer, de origen irlandés, era el director. Dado que mi educación secundaria en la escuela secundaria St. Brendan's, Iyamoyong (otra escuela secundaria católica dirigida por los Padres Champion y Barret, director y subdirector, respectivamente, fue interrumpida por la guerra civil nigeriana en mi tercer año, la reanudé en la clase cuatro en C.I.C). Todos los días después de la escuela, llegaba a casa, dejaba mi mochila y caminaba hacia el campus del Bigard Memorial Senior Seminary. Simplemente deambulaba por el campus sin saber por qué este comportamiento se habia convertido en una rutina para mí. Esta era una rutina que mantenía religiosamente sin que un día me preguntara por qué lo estaba haciendo, entonces sucedió: estaba en el campus ese día en particular, deambulando como siempre, cuando escuché que me decía: "Quiero que seas uno de mis sacerdotes".

"Oh Dios mío, por eso vine aquí todo este tiempo". Corrí inmediatamente lo más rápido que pude a casa gritando mamá, mamá, mamá y narrándole mi experiencia cuando la encontré sobre la revelación que me había dado.

Ella me preguntó qué iba a hacer al respecto. Le dije que no estaba seguro de ser un buen sacerdote. Mamá me dijo que orara en comunicación y súplica a Dios. Sabía que Dios me equiparía con lo necesario para ser un buen sacerdote, pero no lo vi venir en absoluto. Me sorprendió totalmente y me tomó por sorpresa. Pedi en mi oración y súplica a Dios que me concediera la opción de servirle de diferentes maneras además de como sacerdote. Concedió mi petición y me exigió que fuera un defensor de la verdad, la justicia, la igualdad, la humildad, la empatía, la dignidad humana, la bondad, la coexistencia pacífica de la raza humana, el bien común y una voz para los que no tienen voz. En mi suplica, también le pedí a Dios que me concediera el don de una comunicación clara, eficaz y motivadora. Con el don de este último, he escrito artículos en periódicos y revistas que motivan a las personas a hacer cosas por el bien común.

Exonerado de Ser Sacerdote y el Pacto de Propagar la Verdad Contra el Mal

Mi experiencia desde este encuentro en el campus del Bigard Memorial Senior Seminary ha sido que cada vez que no hablo contra la mendacidad, la injusticia, la desigualdad, la explotación, la marginación, la subyugación, la discriminación o la crueldad, cuando y donde sea que sea el caso, no puedo dormir hasta que haga lo que debería haber hecho en el lugar y momento en que ocurrió. Según un proverbio africano, quien dice la verdad no tiene amigos. Los amigos son importantes, pero no tener amigos es menos doloroso que la angustia y el insomnio que experimento por no denunciar la falsedad, la injusticia y la indignidad cuando y donde ocurren. Proverbio 31: 8-9 nos ordena "hablar por los que no pueden hablar por sí mismos, por los derechos de todos los indigentes. Habla y juzga con justicia; defender los derechos de los pobres y necesitados". Aprecio y exhorto la verdad, no importa quién la diga, estoy a favor de la justicia, no importa quién esté a favor o en contra. Lo que sé con seguridad es que la verdad sigue siendo la verdad, aunque nadie la crea, y una mentira sigue siendo una mentira, incluso si todos la creen.

Estoy completamente de acuerdo con la observación de Mahatma Gandhi de que ser una voz solitaria en el bosque no significa necesariamente que uno esté equivocado. Como se ha dicho antes que yo, Dios no nos dio un espíritu de cobardía, sino un espíritu de hacer lo correcto, lo justo y lo decente. Defender lo que es correcto es primordial, incluso si a veces eso significa estar solos. Mientras intento en mi vida cumplir las órdenes del Señor, mi Dios, estoy convencida, al igual que Rachel Carson (la ambientalista y autora de la histórica Primavera Silenciosa de 1962), de que no puedo ofrecer excusas para no ser lo que la gente espera. Amar a mi prójimo como me amo a mí mismo es un mandato bíblico bien predicado que importa más, porque Dios nunca dijo que impresionara a mi prójimo. En la vida, lo que cuenta no es cuánto tiene la gente, sino lo que hacen con lo que tienen. Ayudar a los demás no es lo que se hace sólo cuando conviene o cuando tenemos algo de más, sino una cuestión de compartir lo poco que tenemos con los que no tienen nada.

Por el bien de mantener intacta su dignidad, abstente de preguntar a una persona sin hogar, por ejemplo, si necesita un refugio o una ducha, o a una persona visiblemente hambrienta si quiere dinero o si desea comer. Ofrécele estos deseos, y déjale la opción de aceptar o rechazar la oferta.

La Mujer Casada que Me Amaba

Recuerdo a una mujer casada en el número 7 de Hassan Lane, Uwani, Enugu, que tenía dos hijos pequeños: una niña y un niño. No tuvo ayuda y ella misma hizo todo lo posible para mantener su apartamento en buenas condiciones: cocinaba, lavaba la ropa, cortaba leña y otras tareas domésticas para su familia de cuatro miembros en ese momento. Mientras observaba su lucha por cortar leña, la principal fuente de energía para cocinar, me sentí comprensivo y estaba decidido a ayudarla a cortar la leña con el hacha y a lavar la ropa de trabajo de su marido cada vez que planeaba un viaje de trabajo a Lagos. la capital de Nigeria en ese momento. Ella quedó tan conmovida por mi compasión que, en agradecimiento, se convirtió en mi benefactora. Ella me daba dinero de su bolsillo y me compraba regalos. Sus obsequios no podrían ser más auspiciosos en un momento en el que papá no me daba dinero. Según él, no necesitaba dinero para gastos de bolsillo porque se aseguraba de que comiera tres veces al día. Utilicé el dinero de mi benefactor para comprar cosas que necesitaba y para ayudar a los menos afortunados y con mala suerte. Este fue mi destino durante mucho tiempo hasta que concebí la idea de empezar a ahorrar el dinero de mi benefactor.

Algo inexplicable, algo demasiado extraño para ser una mera coincidencia, sucedió cuando comencé a ahorrar el dinero que ella me estaba dando: ella dejó de darme dinero. Más tarde me di cuenta de la insensatez de mi ahorrativo mal informado y de la razón principal de esta relación con mi benefactor. Fue una relación poco común, otro arreglo por intervención divina. Después de reírme mucho de mi ignorancia y necedad, retomé mi práctica de dar a los necesitados y, como lo adivinaste, ella me estaba dando dinero otra vez. Qué momento de enseñanza fue ese para mí: no es cuánto dinero uno tiene lo que le importa al Señor, nuestro Dios, sino lo que uno hace con él. ¿Ayudaste a alguien a encontrar su lugar? La benevolencia de esta señora nos ayudó a mí y a mis amigos durante la escuela secundaria. Posteriormente mi benefactora se enamoraría de mí, lo que provocó sospechas y problemas con su marido. Sin embargo, el temor de Dios y el autocontrol y la autodisciplina que Él me inculcó me impidieron cruzar cualquier línea prohibida con ella (sin juego de palabras). Después de una reunión de emergencia convocada por su marido para analizar mi relación con su esposa, mi padre me llevó a dar un paseo. Fue un largo paseo en el que no nos dijimos nada. Luego se detuvo, se volvió hacia mí y dijo: "Anthony, no sufrirás ningún daño". Dicho esto, nos dirigimos a casa en silencio mientras yo reflexionaba sobre lo que papá me dijo y me preguntaba por qué me habia dicho eso y su significado.

Mi Hermano Mayor Eric Fue Admitido en la Universidad de Nigeria Nsukka

Nos estábamos ajustando y adaptando bien a la vida, lejos del cuartel de los Guardianes, para convertirnos en inquilinos. Papá había viajado a Lagos para cobrar la gratificación que se había ganado, tras haberse jubilado después de treinta y ocho años como guardián del Servicio Federal de Prisiones. Sin decírselo a nadie, mi hermano mayor, Eric Ositadinma Akubue (Ricky), había tomado el examen de ingreso a una universidad en Nigeria y lo aprobó. Un día vino al número 7 de Hassan Lane para darnos la sorpresa de su éxito. Necesitaba apoyo para pagar la matrícula cuando se reanudaran las clases en la Universidad de Nigeria Nsukka, en el actual estado de Enugu. Después de que Ricky regresó a su apartamento, papá se quejó y le preocupaba que la pequeña suma global de dinero que recibía como gratificación se gastara en la matrícula en lugar de ahorrarla y usarla para cuidar de sí mismo cuando fuera mayor de edad y ya no trabajara. Desempeñé el papel de convencer a papá de que era prudente invertir parte del dinero en la educación de su primer hijo para el mejoramiento de toda la familia en el futuro. Papá accedió y comenzó a pagar la matrícula cuando Ricky comenzó su primer semestre en la Universidad de Nigeria Nsukka en 1970. Papá siempre se quejaba conmigo de que el dinero de su gratificación se estaba agotando para pagar la matrícula de Ricky, y de que solo quedaba una pequeña parte del dinero. Como siempre, le aseguré que el final estaba a la vista y le recordé que pagar la educación universitaria de mi hermano era una inversión inteligente que produciría grandes beneficios para la familia en el futuro cercano.

Mi Trabajo en el Servicio Civil

Cuando terminé la escuela secundaria en 1971, por razones económicas obvias, para mí estaba completamente descartado continuar con mis estudios. En consecuencia, fui a buscar trabajo y tuve la suerte de conseguir uno como funcionario público en el Departamento de Administración Divisional, en el Ministerio de Gobierno Local y Asuntos de Jefaturas. Durante un tiempo estuve destinado en Enugu, pero luego me transfirieron a la ciudad de Nkwerre y posteriormente a la ciudad de Orlu, todo en el actual estado de Imo, donde serví en diferentes áreas del Consejo Comunitario como secretario/Tesorero junto con el Consejo Comunitario de Presidentes de los respectivos pueblos. Trabajé en la oficina divisional de Nkwerre y en la oficina divisional de Amaifeke, Orlu, antes de trasladarme al Consejo Comunitario de Dikenafai, al Consejo Comunitario de la Ciudad de Orlu y al Consejo Comunitario de Amanator.

Mis deberes como secretario/tesorero del consejo comunitario incluían convocar periódicamente reuniones del consejo con los concejales electos y el presidente para discutir asuntos comunitarios y planificar proyectos de desarrollo comunitario. Con la ayuda de los trabajadores bajo mi supervisión, recaudamos impuestos, cobramos honorarios a las mujeres del mercado por el uso de los puestos del mercado en los días de mercado y construimos alcantarillas y canales de drenaje. Una mañana estaba en mi oficina cuando el presidente del Consejo Comunitario de Amanator, el jefe Ezezue de Amanator, llegó y entró en mi oficina. Después de intercambiar saludos, me dijo que apreciaba mi trabajo en su ciudad como secretario/Tesorero del Consejo, pero dijo que merecía algo mejor en la vida que trabajar como Secretario/Tesorero en un pueblo rural. Me hizo saber que, a diferencia de muchos jóvenes que había conocido, yo era respetuoso, humilde y diferente en el buen sentido. Comentó que sería mejor para mí trasladarme a Estados Unidos para realizar más estudios en lugar de quedarme en Nigeria como secretario/tesorero del consejo local.

Eso me tomó por sorpresa, sin saber que él sentía lo mismo por mí todo el tiempo. Estaba perplejo, emocionado y sin saber qué decirle en respuesta. Sin embargo, terminé agradeciéndole por discernir algo en mí que no sabía que tenía y mucho menos creía aparente. Visualizó mi destino y me animó a realizarlo. En otra ocasión, cuando hice un viaje a nuestra oficina divisional, Orlu, me encontré con el Director Ejecutivo Superior (HEO), el Sr. Nwadialor, quien me reconoció y me preguntó cómo estaba manejando los asuntos en el área de mi consejo comunitario. En una conversación que tuvo lugar con él, observó que mi comportamiento era ejemplar y peculiar para un nigeriano. Me dijo que un lugar mejor para mí era Estados Unidos. ¡Otra sorpresa más de otro anciano convencido de mis perspectivas de futuro! Nuevamente le agradecí su amabilidad y sus grandes respetos hacia mí. Estos dos ancianos especiales me habían dado mucho en qué reflexionar sobre mi potencial.

Antes de dejar la ciudad de Orlu, recibí una carta de mi hermano universitario Ricky. En la carta lamentaba que la mayoría de sus compañeros de estudios tuvieran sistemas estéreo para entretenimiento y noticias, pero él no. No sólo me sentí mal por él, sino que también sentí que tenía que hacer algo al respecto. Cuando recibí mi siguiente salario, fui a la oficina de correos y compré un giro postal con tres cuartas partes de mi salario y se lo envié a mi hermano para que pudiera comprar un tocadiscos y discos para su entretenimiento. Eso fue en 1974. Tuve dificultades económicas hasta mi siguiente salario. Fue para mi gran sorpresa descubrir a principios de los años 1980 que mi hermano nunca cobró ese dinero, más bien, lo perforó y usó una cuerda corta azul con herretes en ambos extremos para pasar a través de las perforaciones de una carpeta de archivos y la archivó.

Estaba sentado junto a él durante una de mis visitas desde Estados Unidos mientras él buscaba algo en esa carpeta de archivos. Como sólo Dios lo haría posible, vislumbré algo que parecía un giro postal. Le pedí que retrocediera algunas páginas para ver lo que creía haber visto. De hecho, era el giro postal que compré y le envié en 1974. Desconcertado, le pregunté por qué nunca había cobrado el giro postal. Evitó mirarme y no dijo nada. Comenté que lo que hizo había sido innecesario y desconsiderado. Recordé haber tenido que prescindir de él después de enviarle el giro postal. Me sentí dolido e indignado, perdoné, pero no olvidé. Durante los largos años que Dios me ha protegido y mantenido vivo desde mediados del siglo XX, he aprendido que, si no te ocupas con el bien, el diablo te ocupará con el mal.

Cómo Llegué a los Estados Unidos como Estudiante Internacional

Perdón por la breve divagación. Posteriormente me trasladaron a Nsukka, donde me convertí en secretario/Tesorero de Okutu, el Consejo Comunitario de Nsukka, en el actual estado de Enugu. Vivía en Enugu e iba en motocicleta a Okutu para trabajar. El empujón de los dos caballeros ancianos y muy respetados fue mi inspiración para considerar seriamente continuar mi educación en los Estados Unidos de América. Mi hermano Ricky se había graduado de la Universidad de Nigeria Nsukka con una licenciatura en Ingeniería Civil, convirtiéndose en el primer ingeniero civil en nuestra aldea Uruowa, Umuanugwo. Fue empleado de Bernard Building Company, Limited con sede en #37 Warri Road Sabon Gari, Kano, en el actual estado de Kano en el norte de Nigeria. Ing. Eric Akubue estaba destinado en Sokoto, en el actual estado de Sokoto, también en el norte de Nigeria. Vivía en un lujoso hotel en la ciudad de Sokoto como ingeniero civil residente de Bernard Building Company, Limited. Le había comunicado que estaba solicitando admisión en universidades americanas. La Universidad Marshall, Huntington, Virginia Occidental, fue una de las universidades que me ofreció la admisión. Mi admisión fue para el semestre de otoño de 1977. El monto de la matrícula que venía con los documentos de admisión era de $3,600. Solicité una visa de estudiante en el Consulado de los Estados Unidos en Lagos, Nigeria y recibí una fecha de cita para mi entrevista en el Consulado.

Cuando renuncié a mi trabajo a mediados de 1976, no tenía mucho dinero ahorrado para sufragar la matrícula de un año requerida en la Universidad Marshall. Se me ocurrió la idea de viajar a Kano para que mi primo materno, el Sr. Boniface Anyaegbunam, se fuera de allí para ayudarme con el dinero de la matrícula para un año académico. Su padre y mi tío político, el Sr. Bernard Anyaegbunam, eran propietarios y operaban Bernard Builders, Limited. Se encontraba en Ogidi para la celebración de Navidad de 1976, para regresar a Kano después de la celebración del Año Nuevo. Fui a verle para discutir mi deseo de acompañarlo de regreso a Kano para pasar algún tiempo en la famosa ciudad del norte. El tío Bernard, un hombre de gran corazón, accedió a mi pedido. A principios de enero de 1977 íbamos camino a Kano con mi tío político conduciendo su SUV Range Rover. Cuando llegamos a la ciudad de Jos, en el estado de Plateau, en el norte, al tío Bernard le dio sueño y fue relevado al volante por su sobrino y mi primo político, Benjamin Anyaegbunam, quien también obtuvo la admisión en la Universidad de Nebraska en Omaha. Fue un viaje que tomó varias horas de camino pero, gracias a Dios, llegamos sanos y salvos a Kano.

Conocí a muchas personas que residían en el número 37 de Warri Road, Sabon Gari, Kano, por primera vez, incluida Rebecca Nkechi Anyaegbunam, la esposa de mi primo Boniface. Rebecca estuvo encantada de conocerme y comentó mi parecido con su marido. Mientras estaba en Kano, viajé a Sokoto para visitar a mi hermano mayor Eric. Me llevó a la oficina de pasaportes en Sokoto donde obtuve mi pasaporte nigeriano. Regresé a Kano después de pasar dos semanas allí. Mientras estuve en Kano, disfruté del privilegio de conducir para uno de mis primos para hacer recados dentro de la ciudad. Después de algunos meses viviendo en Kano, Rebecca, que se había estado preguntando mi propósito en Kano, decidió preguntarme por qué habia venido. Después de que le conté mi historia, ella quiso saber por qué no le conté mi plan durante todo este tiempo que estuve con ellos. Humildemente le dije que la razón era que nunca me lo habían pedido. Ella reveló que de todos los hermanos de su marido que había conocido yo era el que más le gustaba porque, según ella, era amable, sensato y considerado. Al final, me aseguró que hablaría con su marido sobre mi necesidad y que mi primo hablaría conmigo a la mañana siguiente.

Ella fue la primera en despertarse por la mañana y vino a verme a la habitación de invitados donde yo estaba en la cama. Me dijo que mi hermano hablaría conmigo más tarde cuando despertara. Le agradecí por ser el conducto a través del cual Dios obraría Su milagro para llevarme a los Estados Unidos. Mi primo se despertó y entró en la habitación donde yo estaba y, parándose junto a la cama, me preguntó el monto de mi matrícula. Le dije. Me indicó que lo viera en su oficina a la 1 p. m. ese día. Lo encontré en su oficina a la 1 p.m. y tenía una nota lista para mí. Me entregó el billete y me dijo que lo presentara en el banco de la empresa al gerente de allí para cobrar un giro bancario por $3.600,00. Le agradecí efusivamente y me dirigí al banco. No podía creer lo que veía cuando me entregaron el giro bancario por la cantidad exacta en dólares estadounidenses.

"Gracias Señor", murmuré. Rebecca fue mi ángel de Dios trabajando para mí, permitiéndome experimentar otra intervención divina en mi vida.

La euforia que sentía al recibir el dinero no había disminuido cuando recibí una carta de la Universidad Marshall enviada a Kano desde Enugu. Era para informarme que la matrícula de un año académico se había incrementado en la cantidad de $300.00. No sabía cómo acercarme a mi primo para informarle sobre este último aumento de matrícula. Estaba lidiando con la vergüenza que sentía por mi incapacidad para pagar esta modesta cantidad de dinero, pero no tenía a quién acudir. Entonces, me tragué mi orgullo y reuní el coraje para hablar con él. Esta vez dijo que iríamos a ver a su padre, el tío Bernard, para pedirle autorización para retirar los $300,00 de su cuenta bancaria. Era la tarde de ese día en particular, y el tío Bernard estaba jugando a las damas con un amigo en presencia de otros amigos espectadores. Según mi propia experiencia como alguien a quien le gusta el juego, no necesitas distracciones como jugador. No querrás perder la concentración jugando a las damas. Y aquí estábamos buscando la atención del tío Bernard sobre mi problema de dinero.

Primero, el primo Bonny lo llamó papá, antes de decirle que mi matrícula había aumentado en $300,00. El tío Bernard mantuvo la concentración y ni siquiera levantó la vista para vernos. La segunda vez no fue diferente. Fue al tercer intento que el tío Bernard respondió sin apartar la mirada del tablero de damas. ¡El tío Bernard nos dijo en voz alta que siguiéramos adelante y retiráramos la cantidad que necesitábamos de la cuenta hasta que se agotara y no quedara dinero para pedir! Recibí los $300,00 posteriormente. Con los $3,900.00 de matrícula para un año académico en mi poder, mi preocupación se centró en mi entrevista para la cita para la visa en el Consulado de los Estados Unidos en Lagos.

Cuando llegó la fecha de la entrevista, el semestre de otoño para el que me ofrecieron la admisión ya estaba en marcha. Pensé que al llegar al Consulado me darían una nueva fecha de cita para la entrevista de visa para el siguiente semestre de primavera. Mi primo Bonny y yo llegamos temprano al Consulado para mi entrevista. Poco después de nuestra llegada, me llamaron por mi nombre y me hicieron pasar ante mi entrevistador. Era un caballero americano con un aura de integridad y buena fe. Se presentó y expresó que era un placer conocerme. Estaba mirando mis documentos ante él como si se estuviera preparando para hacer su primera pregunta. Observó que me fue muy bien en física, biología, química y matemáticas y quiso saber por qué elegí la especialización en administración de empresas en la Universidad Marshall. Respondí que mi tío Bernard esperaba que regresara a casa después de graduarme con un título en Administración de Empresas Estadounidense para ayudar en las operaciones de su empresa. Esa respuesta salió de mí tan fácilmente que supe que tenía que ser habilitada por el único Paráclito en mí. Parecía muy satisfecho con la respuesta que le di.

Algo en su comportamiento durante esta entrevista despertó mi curiosidad: a menudo miraba mis documentos, me miraba y miraba hacia arriba, como para obtener la guía que se le mostraba arriba. Hizo esta rutina repetidamente. Algunas de las veces que él miraba hacia arriba, yo también lo hacía discretamente en un intento de ver qué estaba mirando. No vi nada. La siguiente vez que se dirigió a mí fue para observar que tenía un aprobado en inglés, donde se requería un mejor puntaje. Sin embargo, siguió simultáneamente con otra observación de que obtuve un desempeño excelente en mi puntaje del Examen de Inglés como Lengua Extranjera (TOEFL) y dijo que iba a usar eso en lugar de mi calificación de inglés de la escuela secundaria. Pasó un rato antes de que dijera algo más. Esta vez me miraría y levantaría la vista varias veces. La siguiente vez que habló, fue para decir, y cito: "Hijo, te declaro elegible para ingresar a los Estados Unidos de América en cualquier momento que estés listo. Le estoy emitiendo una visa hoy para su viaje. Le deseo éxito."

No me esperaba eso. Mi primo se sorprendió cuando se enteró de que me habían emitido una visa. Todo esto estaba ocurriendo en el otoño de 1977. Como el semestre de otoño ya había comenzado en la Universidad Marshall, decidí esperar para viajar a principios de enero de 1978.

Esta decisión me dio el tiempo que necesitaba para regresar a Enugu para decirles a mis padres, el Sr. Jerome C. y la Sra. Grace O. Akubue, que Dios me había favorecido e hizo posible que obtuviera una visa para ir a Estados Unidos de

América para continuar mi educación. Visité a amigos para informarles de mi inminente partida. Allí tuvo lugar mi fiesta de despedida, a la que asistieron muchos familiares y amigos. Mamá estaba muy feliz y triste al mismo tiempo. Mamá y yo compartíamos un vínculo especial de unidad. Mi relación con ella era una en la que ella me consideraba su hijo, quien hacía de cuidarla y ayudarla mi prioridad absoluta. Le prometí mi amor y devoción puros. Mamá, papá, Patricia, familiares y amigos vinieron al aeropuerto de Enugu para despedirme de regreso a Kano. Las fotografías fueron tomadas mientras esperaba la hora de salida de mi vuelo. Todavía tengo una de esas fotografías en mi poder. Regresé a Kano el mismo día. Pasé el tiempo que me quedaba empacando y asegurándome de no olvidar nada que pudiera necesitar en los Estados Unidos.

El 7 de enero de 1978, el tío Bernard nos llevó especialmente a Benjamin y a mí al aeropuerto internacional de Kano para abordar un vuelo de KLM a los Estados Unidos vía Ámsterdam, Países Bajos. Experimenté un invierno gélido por primera vez en Ámsterdam. Fue toda una sacudida, un duro despertar, por así decirlo. Resultó que no estaba vestido apropiadamente para una temperatura tan fría y húmeda. Mi traje de tres piezas me ayudó un poco a mantenerme abrigado. Sin embargo, estaba naturalmente programado para preferir el clima frío al calor. Eso explica el hecho de que siempre me sentí incómodo con el clima tropical cálido y húmedo de mi país de origen, Nigeria. La gente se sorprende cuando les digo que me gusta el clima frío. Piensan que es muy inusual debido a mi lugar de origen. Alguien me dijo una vez: "Mírate, Tony, abrigado. Pensé que te gustaba el invierno".

Respondí: "Sí, me gusta el clima frío, pero no soy estúpido". No sólo me siento cómodo, el clima frío también mejora mi capacidad cognitiva. Prefiero abrigarme y estar cómodo que entretenerme tratando de ponerme cómodo a riesgo de atraer la atención de la policía.

Llegada a la Universidad de Marshall, Huntington, Virginia Occidental

De todos modos, el clima era más o menos el mismo en Nueva York cuando llegamos al Aeropuerto Internacional JFK el 9 de enero de 1978. Benjamin y yo abordamos aviones separados hacia nuestros destinos finales. Benjamin abordó el vuelo a Nebraska y posteriormente a la Universidad de Nebraska en Omaha. Abordé mi vuelo al aeropuerto Huntington Tristate, desde donde tomé un autobús hasta el campus de la Universidad Marshall. Así, otro hito en mi vida había comenzado el 9 de enero de 1978 en Huntington, Virginia Occidental. Conocí a la Sra. Judy Miller, asesora de estudiantes internacionales de la Universidad Marshall. Fue amable y estaba feliz de que haya tenido un viaje seguro. Ella me indicó que fuera a la Oficina de Admisiones para anunciar mi llegada al campus al Dr. James Harless, el Director de Admisiones.

Después de presentarme como un nuevo estudiante internacional de primer año de Nigeria, buscó mi información y me informó que el dinero de mi matrícula de un año no había llegado. Lamentablemente, me informó que, a falta de mi dinero, no tenía más opción que hacerme regresar a Nigeria. Me quedé horrorizado y petrificado sólo de pensar que haría que me enviaran de regreso a Nigeria. Sin saber qué hacer, salí corriendo de la oficina y regresé a las oficinas del Consejo de Estudiantes Internacionales. Después de narrar lo que me dijo el Director de Admisiones, la Sra. Judy Miller se enfureció y me acompañó de regreso a la oficina de admisiones para ver al Dr. Harless. Una vez allí, se enfrentó al Dr. Harless, lo reprendió y amonestó por ser desconsiderado e insensible al amenazarme con regresarme a Nigeria. Sugirió que debía haber otras opciones en mi caso aparte de hacerme regresar a Nigeria.

Para mi agradable sorpresa, el Dr. Harless estuvo dispuesto a explorar otras opciones. Querían que presentara pruebas de que había remitido los $3900,00, que eran el monto de matrícula requerido para un año académico completo. Proporcioné evidencia de la remesa. Una de las opciones consideradas fue pedir dinero prestado a un familiar mío en Estados Unidos, que pagaría más tarde cuando tuviera dinero disponible. Mi primo, Alexander Ifeanyi Anyaegbunam, el hermano menor de mi primo Boniface Anyaegbunam, vivía en Maryland en ese momento. Me permitieron llamarlo por teléfono con el teléfono de la oficina. Alex contestó el teléfono y le narré mi situación y le pedí el favor de prestarme $1,500.00, siendo la cantidad que sugirió el Dr. Harless. Alex prometió enviarme un cheque por la misma cantidad al día siguiente. Recibí el dinero y pude inscribirme en mis clases, comprar mis libros y otros útiles. También pagué un semestre de alojamiento y comida en el edificio Twin Towers East. Gracias a Alex, finalmente pude dar un profundo suspiro de alivio porque no me iban a deportar de regreso a Nigeria por razones financieras. El dinero que esperaba finalmente llegó y no perdí el tiempo en reembolsarle los $1,500.00 a Alex.

Vivir en la residencia universitaria fue para mí una buena experiencia de orientación para estudiantes internacionales y que valió la pena. Estaba socializando con estudiantes de diferentes países del mundo. Mi compañero de cuarto en el edificio Twin Towers East era surcoreano. Conocí a estudiantes de Asia, África, América Latina, Medio Oriente y Europa Oriental y Occidental. Había salas de juegos y equipos de ejercicio. Había mesas de billar, mesas de ping pong, máquinas de pinball, boleras, juegos de cartas, damas o "draughts", como lo llamamos en Nigeria. Mi orientación viviendo en la residencia también incluyó un profundo choque cultural, especialmente cuando se trataba de conseguir comida y comer en la cafetería. No sabía los nombres de los diferentes alimentos que se servían en la cafetería. Me estresaba cada vez que iba a la fila de comida esperando que me sirvieran mi turno. No sabía los nombres de los diferentes alimentos que se servían, por lo que siempre indicaba lo que quería señalándolo. Una vez, cuando señalé la comida que quería, el camarero me preguntó su nombre. Respondí que no lo sabía y agregué que estaba dispuesto a ser educado. ¡Extrañaba mucho la comida nigeriana!

Otro momento embarazoso llegó cuando una estudiante con boina roja tenía la palma de su mano hacia mí y los dedos se agitaban hacia adelante y hacia atrás. Pensé que quería que fuera con ella. Mientras caminaba hacia ella, ella se alejaba. Más tarde descubrí que era un gesto de saludo, como un hola. Veía mucho la televisión y aprendí nuevas expresiones y chistes. En Nigeria no teníamos un televisor en nuestra morada, por lo que al mirar varias horas de televisión casi todos los días, inconscientemente estaba compensando todos los años de privaciones. Vi diferentes episodios de comedia situacional, telenovelas (Hospital General, One Life to Live, All My Children, As The World Turns y Ryan's Hope) y eventos deportivos. Me gustaba especialmente todo lo que me hacía reír en la televisión. Como dije, vivir en el dormitorio fue una orientación que valió la pena para mí. Aprendí mucho sobre mi nuevo país y cultura. Viví en el dormitorio ese semestre de primavera y al final del semestre me mudé a un apartamento fuera del campus.

Mudarme a un apartamento fuera del campus donde conocí a otros nigerianos fue una buena oportunidad para preparar y comer algunos alimentos nigerianos que crecí comiendo en Nigeria. Extrañaba mucho comer mis alimentos nigerianos básicos mientras vivía en la residencia. Aprendí a cocinar muy bien con mi mamá. Ella preparó nuestros alimentos básicos igbo, como el fufu y las diferentes sopas que lo acompañan. Cocinó arroz blanco y el guiso que lo acompaña, arroz Jollof y guisantes de ojo negro cocidos en agua con ingredientes añadidos como cangrejo molido, cachorros de Maggi, pimiento rojo, aceite de pam, sal y cocinados hasta que los frijoles estén tiernos. Ella siempre decía que uno no debería depender de nadie más para cocinar para poder comer. Mi madre no usaba ni necesitaba ninguna receta para preparar una comida deliciosa. Siempre estaba observándola en la cocina mientras cocinaba y haciéndole preguntas mientras cocinaba. Cuando mamá estaba enferma y no estaba dispuesta a cocinar la comida familiar, yo ocupaba su lugar en la cocina y cocinaba. Empecé a disfrutar la cocina y apreciaba que la gente comiera la comida que yo preparaba. Con el tiempo, cocinar se convirtió en un arte en el que, instintiva e intuitivamente, echaba una pizca de esto y aquello en la olla sobre la hornilla de una estufa. En aquellos días en Nigeria, cocinar se consideraba un rol de género femenino, pero mi madre se aseguraba de que sus hijos varones, así como sus hijas, supieran cocinar. Si la capacidad de cocinar fuera la única razón por la que un hombre se casara con una mujer, entonces yo no necesitaría estar casado. Afortunadamente, no es la única razón, porque mi matrimonio con Georgina nos dio tres de los regalos más grandes de Dios: tener hijos.

Es bastante divertido que mi primer trabajo como estudiante fuera en un restaurante. El restaurante de Albrecht estaba ubicado en el centro de Huntington, Virginia Occidental. Corté repollo en rodajas y preparé ensalada de col, mojé partes de pollo en leche, las rebocé en harina y las freí, lavé ollas y sartenes, limpié ventanas y trapeé el piso. El salario mínimo entonces era de unos 2,50 dólares. También trabajé como estudiante de pintura con el equipo de pintura de la Universidad Marshall, bajo la supervisión de mis buenos amigos Dick Willis y Floyd McKsweeney. Repintamos las habitaciones y los pasillos de la residencia cada verano, para estar listos para los estudiantes en el semestre de otoño. Me gradué de Licenciatura en Administración de Empresas (BBA) en 1980 y de Maestría en Administración de Empresas (MBA) en 1982, con énfasis en Finanzas.

Mudanza al Norte a Morgantown, Virginia Occidental

Luego me mudé a Morgantown, West Virginia, para obtener un doctorado en educación tecnológica en el campus de Evansdale de la Universidad de West Virginia, el hogar de los Mountaineers. Al principio, me inscribí en el programa de doctorado en economía, pero lo abandoné después de un año porque no me veía satisfecho en la vida como economista, especialmente porque no creía en la teoría del goteo, la mano invisible, una teoría y supuestos basados en el ceteris paribus de la economía clásica y neoclásica. Estaba contemplando cambiar los programas a un campo de estudio donde el énfasis en el bienestar de las personas fuera una prioridad y no algo que sucedería incidentalmente a largo plazo como ocurre con el enfoque de goteo. Iba a tomarme un tiempo libre para explorar otras áreas de interés académico para mí.

Fue durante este intervalo que recibí un mensaje de mi hermano mayor, el Ing. Eric Akubue, en Nigeria. Parecía emocionado por alguna razón cuando dijo que había conseguido algo de dinero y quería que yo fuera a Nigeria para visitarlo en Makurdi en ese momento. Me indicó que trajera una aprobación de divisas de la Universidad de West Virginia para facilitar el envío del dinero. Esta fue la segunda vez que me indicó que hiciera algo similar. La primera vez que regresé a Nigeria con aprobación de divisas, mi hermano Ricky vivía en la ciudad de Doma, la sede del área de gobierno local de Doma en el actual estado de Nasarawa en Nigeria. Pudo redondear más de $5,000.00 para aprovechar el documento de aprobación de divisas que traje conmigo. Nuevamente, esta segunda vez, hice lo que me indicó y abordé un avión con un boleto de ida con destino a Nigeria en el verano de 1984.

Llegué al aeropuerto de Makurdi, la capital del estado de Benue, Nigeria, donde mi hermano y algunos de sus familiares y amigos estaban esperando. Obtuve el visto bueno de los funcionarios de Aduanas e Inmigración y estábamos en la casa de mi hermano unos minutos más tarde. Les di los regalos que compré para la familia. Mi plan era regresar a los Estados Unidos antes del comienzo del semestre de otoño de 1984. Después de establecerme, dos días después, le presenté a mi hermano la aprobación de divisas de mi escuela, que él tomó y mantuvo bajo su custodia. Mi estancia en Makurdi, Nigeria, pasó de días a semanas y meses sin una palabra de mi hermano sobre el dinero que decía que tenía para mí. Mientras tanto, mis documentos de viaje estaban caducando. Un día le recordé a mi hermano que se me acababa el tiempo y que necesitaba el dinero que me había prometido. Lo que me dijo me impactó hasta lo más profundo de mi ser: dijo que lo había gastado, siendo que el dinero era fungible y ya no lo tenía. Resultó que era una conspiración planeada por su esposa para que yo permaneciera en Nigeria y nunca regresara a Estados Unidos. Entonces me di cuenta de por qué me dijo que no necesitaba un billete de regreso porque comprarlo en Nigeria era menos costoso que comprarlo en Estados Unidos. Con todos mis documentos de viaje vencidos, fui a verlo y le rogué que por favor me prestara suficiente dinero para comprar mi boleto de avión de regreso a los Estados Unidos.

Una Extraña Mujer Negra de Mediana Edad con Vestido Blanco en JFK Facilitó mi Regreso a los EE.

Convencido de que nunca me permitirían regresar a Estados Unidos con mis documentos de viaje vencidos, me dio 700 nairas, que llevé a una oficina cercana de KLM y compré un boleto de regreso por aproximadamente 689 nairas. A continuación, estuve a bordo de un vuelo de KLM a Ámsterdam y de Ámsterdam al aeropuerto internacional JFK de Nueva York. Después de bajar del avión, atravesamos el túnel hasta los puestos de Aduanas e Inmigración. Dos funcionarios de inmigración examinaron mis documentos de viaje y me los devolvieron. Mientras todavía estaba esperando que me llamaran después de su discusión en español (yo no hablaba ni entendía), escuché una fuerte voz de una mujer que maldecía enojada a alguien por ser ignorante, tonto e irreflexivo. La escuchaba alto y claro, pero nadie más miraba a mi alrededor para ver quién era esa mujer enojada como yo. Al parecer, nadie más la escuchaba excepto yo. Seguí buscando a la mujer en vano. Momentos después, miré en dirección al túnel y vi a una mujer morena que era la fuente de toda la reprimenda dirigiéndose hacia mí mientras esperaba a los dos oficiales de inmigración, obviamente de ascendencia puertorriqueña, parados a unos metros de mí. Miré detrás de mí buscando a alguien a quien pudiera estar refiriéndose, pero no había nadie detrás de mí.

Estaba allí parado sin saber qué hacer con la escena que estaba observando ante mí. Resultó que esta mujer, vestida de blanco, se acercó a mí e intensificó su reprimenda y amonestación hacia mí. Mientras esta mujer me reprendía, noté que los dos oficiales de inmigración se alejaron y nunca regresaron. En una pregunta retórica, la mujer me preguntó si estaba loco y continuó diciéndome que los dos oficiales de inmigración estaban discutiendo el próximo avión que me llevaría de regreso de donde había venido. En voz baja me pregunté cómo era posible que ella supiera de qué estaban hablando sin estar allí con ellos. Agarró mis documentos de viaje, los selló en rápida sucesión y me llevó al otro lado detrás de ella. Caí de rodillas y de manos, demacrado por la ansiedad y la preocupación en Nigeria. Cuando miré por encima de mi hombro izquierdo en busca de la mujer que estaba parada, ya no estaba y no se la veía por ningún lado. Me levanté con dificultad y me quedé allí, asombrado ante la extraña mujer que acudió en mi ayuda. ¿Adónde podría haber ido tan rápido sin previo aviso? ¿Otra intervención divina? ¡Sí, de hecho! Todo lo que dije repetidamente fue: "¡Gracias Señor!" Al final perdí mi vuelo de conexión. Entonces, con los ciento veinticuatro dólares que me llevé cuando dejé Morgantown, Virginia Occidental, me registré en un motel. Mientras me acomodaba en la bañera para tomar un relajante baño tibio, cantaba "Gloria a Dios en las alturas y en la tierra paz a las personas de buena voluntad…".

Llamé a mi novia Dorothy para anunciarle que había vuelto. Pude escuchar el alivio en su voz porque finalmente logré regresar a los Estados Unidos. No podía esperar a verme. Dorothy era profesora de secundaria en Mount View High School, Welch en Virginia Occidental. Dorothy Ann Smith era una divorciada y tenía un hijo de un matrimonio anterior. Su hijo, Leon Smith, ahora es abogado y director de Ciudadanos por la Justicia Juvenil, una organización sin fines de lucro en Boston, Massachusetts. Llegué al aeropuerto municipal de Morgantown al día siguiente y me acerqué a mi coche donde lo había aparcado el día de mi viaje a Nigeria. Los cuatro neumáticos del coche estaban pinchados, ya que había permanecido más tiempo del que esperaba en Nigeria. Dorothy llegó al día siguiente y condujo desde Welch, Virginia Occidental. Dorothy y yo nos conocimos en el verano de 1981 en la Universidad Marshall, sede de The Thundering Herd. Dorothy estaba tomando clases en el verano para obtener su maestría. Estaba trabajando con el equipo de pintura de la Universidad Marshall, pintando las habitaciones de las residencias estudiantiles para los estudiantes que llegarían el próximo año escolar a partir del otoño. Cada vez que nos encontrábamos intercambiábamos saludos y nos deteníamos para una reunión formal y una presentación. Sin embargo, cuando un día se presentó la oportunidad, la aproveché. Nos saludamos como siempre, pero esta vez me armé de valor para preguntarle si podía tener una conversación con ella. Y el resto, dicen, es historia.

De todos modos, Dorothy estaba encantada de verme después de que estuve fuera por mucho tiempo. Nos abrazamos con entusiasmo y pasión en el apartamento de David Addae, un amigo mío de Ghana y estudiante de posgrado casado en la Universidad de West Virginia. David me acogió temporalmente hasta que pude pagar mi propio apartamento. Pasamos un par de semanas juntos antes de que Dorothy tuviera que regresar a Welch. Le propuse matrimonio poco antes de su partida, ella respondió que le gustaría pensarlo. La acompañé hasta su coche y nos despedimos mientras ella se dirigía a Welch. De repente e inesperadamente regresó a Morgantown uno o dos días después. Sorprendido, quise saber por qué había regresado tan pronto. Dijo que volvió para decir "sí" a mi propuesta y decir que se casaría conmigo. nos abrazamos y estabamos emocionados y felices.

La Naturaleza de Mi Relación con Mi Hermano y Mi Hermana

Mi relación con mi hermano mayor, el ingeniero Eric Ositadinma Akubue, y mi hermana pequeña, Patricia Ebelechukwu Ezepue (de soltera Akubue), era un misterio inusual y poco común, por decir lo menos. Mucho antes de pensar en continuar mi educación en los Estados Unidos, Eric (Ricky, como lo llamaban cariñosamente) solía decirme que yo era el más sabio entre nosotros. Nunca acepté esa afirmación, no sólo porque generalmente no me gustan los elogios, sino también porque en este caso pensé que se trataba de una distracción y una estratagema para aprovecharse de mí. Supuse que me estaba adulando para algo. Desde que regresamos a Enugu después del final de la Guerra Civil en 1970, apoyé a mi hermano mayor Ricky y su ambición de continuar su educación hasta el nivel universitario. Como ya mencioné en alguna parte, le expliqué a nuestro padre por qué debería invertir su dinero de propina para ayudar con la matrícula de Ricky cuando fuera admitido en la Universidad de Nigeria, Nsukka, donde se especializó y se graduó con un título en Ingeniería Civil. Recordarán que antes de graduarse me escribió cuando yo era funcionario público en Orlu antes de la creación del estado de Imo en 1976. En la carta se quejaba tristemente de que sus compañeros universitarios tenían dispositivos de entretenimiento de música electrónica. Me conmovió tanto que cuando recibí mi siguiente cheque de pago usé tres cuartas partes del mismo para comprar un giro postal y enviárselo a Ricky. Después de algunos años en los Estados Unidos, hice un viaje de visita a casa y descubrí que Ricky nunca cobró ese giro postal. No hace falta decir que enfrenté dificultades hasta mi próximo sueldo.

Estuve con Ricky en el apartamento de nuestros padres en el número 72 de Boardman Street, Uwani, Enugu, Nigeria, mucho antes de que me fuera a estudiar más a los Estados Unidos, un día en que él se vistió elegante para una visita a algún lugar. Estando detrás de él, noté que le faltaba una presilla en la parte trasera de sus pantalones. Cuando le llamé la atención para que se ocupara de ello, respondió que nadie le quitaría su título de Ingeniería Civil por faltarle una presilla. Me sorprendió tanto su respuesta que me pregunté sobre la correlación entre perder el título académico y vestirse adecuadamente. Ricky tenía una manera de hacerte arrepentirte de tus buenas intenciones, especialmente si eres una persona más joven. A menudo me comparaba con otros adultos jóvenes, especialmente con sus cuñados, y me amonestaba por ser un rezagado.

Después de graduarse de la Universidad de Nigeria Nsukka, Ricky fue destinado a Sokoto, en el norte de Nigeria, para su Cuerpo de Servicio Juvenil, un programa del gobierno federal que requiere que los graduados presten servicio en estados distintos de su estado de origen. Fue mientras estaba en Sokoto que conoció a Uzoamaka Florence Okonkwo, con quien más tarde se casó a pesar del consejo de proceder con cautela y no precipitarse en ese matrimonio. En desafío, Ricky le dijo a nuestra mamá que ya estaba en edad de hablar por sí mismo. Habiendo dicho eso, mamá decidió mantenerse alejada de los asuntos de Ricky. Desafortunadamente, mi hermano mayor azotado le dijo a la chica con la que desafió a mamá a casarse que mamá no aprobaba que él se casara con ella. En consecuencia, la Sra. Uzoamaka Akubue (Nee Okonkwo) y su madre, la Sra. Okonkwo, la trataron con desdén. Ricky y Patricia respetaban a la señora Okonkwo mucho más que a nuestra amorosa y bondadosa madre. Faltarle el respeto a mi madre no era algo que tolerara ni me divirtiera, y se lo hice saber a la gente.

Desde que Ricky se casó después de que yo me mudé a los Estados Unidos, comenzó a eludir sus responsabilidades con la familia Akubue como el primer hijo y como el que nuestro padre invirtió su pago de gratificación en su educación. Su enfoque se centró en trabajar duro y gastar gran parte de su remuneración en el mejoramiento y el progreso de sus parientes dondequiera que estuvieran, incluidos los que vivían en su ciudad de Ezinaifite, Lagos y Enugu. Incluso contribuyó económicamente para que algunos de ellos estudiaran en Estados Unidos. Recuerdo que una vez, durante una visita a Nigeria, en la casa de Ricky en la ciudad de Awka, sus cuñadas cantaban y gritaban burlonamente para sugerir que yo ya no era el único que estudiaba en Estados Unidos y que su propio hermano había finalmente llegado allí también para realizar más estudios. Cierto día por la mañana en Awka, Ricky salió para ir a trabajar. Su esposa Uzoamaka era entonces profesora en una escuela de Awka. Antes de irse a trabajar, me dijo que su madre, la señora Okonkwo, vendría a casa desde su ciudad en Ezinaifite para verme. Tan pronto como salió de la casa, su criada corrió hacia mí para advertirme que no estuviera en la casa cuando llegara la señora Okonkwo. Me pidió que me preparara inmediatamente y tomara un taxi a Ogidi. Lo hice. De su advertencia deduje que la señora Okonkwo no me quería. La criada era otra de la línea de ángeles utilizados por Dios para evitar que me hicieran daño. ¡A Dios sea la gloria siempre!

No hace falta decir que el dividendo de la inversión del jefe Jerome Akubue para pagar la matrícula de la educación de mi hermano en la Universidad de Nigeria Nsukka iba a parar a su familia política. Supongo que la burla fue una de las consecuencias de la inclinación de Ricky a mentirle a la gente sobre mí cada vez que tenía la oportunidad. Entre las mentiras que dijo sobre mí se encontraba afirmar que él patrocinó mi educación en los Estados Unidos, que podría haber estado financieramente cómodo si no hubiera patrocinado mi educación, que yo era un ingrato, que era un estúpido, que era más que nada un teórico sin conocimientos prácticos ni experiencia, que estuve en los Estados Unidos pasando el tiempo, que nunca les envío dinero a casa para ayudar a mi familia, no se me debe creer porque uso la oratoria para arrojar engaños, las alucinaciones me impulsan a afirmar que hice cosas buenas que realmente nunca hice, etc. Por ejemplo, cuando pasé un tiempo en la casa de Ricky en Makurdi durante una visita a Nigeria, le entregué mis $5,000.00 para que los guardara. Exclamó que nunca antes en su vida había manejado esa cantidad de dólares. Le respondí que lo que todos necesitábamos era paciencia, asegurándole que mi éxito en la vida sería el éxito de todo el clan Akubue. En aquel entonces él había incursionado en el negocio de la construcción y me dijo que les debía dinero a sus proveedores por los materiales de construcción que les había comprado a crédito.

Ricky y yo condujimos hasta Enugu, donde aún vivían nuestros padres, los visitamos y, posteriormente, fuimos a ver a algunos de los acreedores de Ricky para pagar el dinero que les debía. La siguiente vez que estuve en Nigeria, Ricky y yo estábamos en la casa de nuestros padres en Uruowa, Umuanugwo en Ogidi, que se convirtió en la casa de Ricky, como lo estipulaba la costumbre tradicional después de la muerte de nuestros padres. Le entregué a Ricky la suma de $2,500.00 para que la guardara. Sosteniendo y mirando el dinero, me preguntó si ese era todo el dinero que traía conmigo, porque era una cantidad menor a los $5,000.00 anteriores. Simplemente respondí afirmativamente. Al parecer estaba decepcionado.

Fue durante una de mis visitas a casa que le sugerí a Ricky que él y yo comenzáramos un negocio en beneficio de la familia Akubue, y le sugerí que el nombre de la empresa fuera AKURICTON (AkubueRickyTony), Ltd. Yo no estaba casado en ese entonces. Él accedió a mi sugerencia y dijo que sus hijos, que entonces eran todavía muy pequeños, su esposa y él mismo serían miembros del consejo de administración de la empresa. Estaba diciendo que la empresa propuesta que yo financiaría en su totalidad tendría una junta directiva compuesta por él, su esposa, sus cuatro hijos pequeños y yo. Ya pensaba con avidez en el pago de dividendos sin que la empresa despegara. Opiné que sería mejor para él y para mí ser socios de esta empresa mientras tanto y preparar a los niños para que la dirigieran más tarde. Enfadado y retórico, preguntó si había cometido un delito al decir que sus hijos pequeños y su esposa serían miembros de la junta directiva de la empresa.

En ese momento traje a casa una máquina encuadernadora de libros y docenas de anillos de plástico en espiral, y sugerí que se usaran para encuadernar los proyectos y tesis de los estudiantes en forma de libro. Compré la máquina y los anillos con mi dinero en una empresa de California mientras era estudiante de doctorado y trabajaba como Director del Centro de Recursos del Departamento de Educación Tecnológica. Mi plan era que contratara los servicios de un joven desempleado para comenzar a encuadernar libros para los estudiantes universitarios de la Universidad Nnamdi Azikiwe, Awka (UNIZIK). También aconsejé que parte del dinero obtenido con la operación de encuadernación de libros se canalizara hacia el mantenimiento de nuestra mamá y nuestro papá. Varios meses después de que le entregué esa máquina a Ricky, él me llamó a mi departamento en Morgantown, Virginia Occidental, para preguntarme cuánto pagué por ella y los anillos en espiral de plástico. Cuando le expresé mi sorpresa de que me llamara después de meses para preguntarme cuánto había pagado por la encuadernadora, gritó acusándome, entre otras cosas, de ser un teórico sin ninguna experiencia práctica en negocios. Ricky no dudó en hablarme con desdén como le hablaría a un niño. Me quedé tan estupefacto y angustiado que le dije que ya no quería tener nada que ver con la máquina y los anillos. Conociendo a mi hermano mayor tan bien como yo, mi reacción fue exactamente la que él quería provocar, de esa manera sus parientes poseerían y serían dueños de la máquina de encuadernación y de los anillos de plástico en espiral que utiliza. Esa fue la última vez que supe de la inversión que hice después de esa llamada telefónica, y nunca volvió a sacar el tema a relucir.

Me deshice de las setenta máquinas de escribir manuales que había comprado y que tenía intención de enviárselas a Ricky junto con la encuadernadora. También iba a comprar y enviar fotocopiadoras RICOH portátiles para la empresa. Mi última propuesta comercial a Ricky fue que comenzaría a comprarle y enviarle hojas de tabaco curado en Nigeria como distribuidor. Él respondió que si yo quería entrar en ese negocio enviaría a sus muchachos a Lagos y los recibiría en mi nombre, pero él no estaba interesado en hacer ese negocio conmigo. Y cada vez que realizaba una visita a Nigeria pagaba a la aerolínea por el exceso de equipaje lleno de cosas para todos, incluidos Ricky, su esposa y sus hijos. Debido a las mentiras que Ricky le contó a su esposa, Uzoamaka, y a sus hijos, su esposa siempre me exigía que comprara más cosas para ella y sus hijos. Para ella nunca nada era suficiente. Esto, supongo, fue la consecuencia de que Ricky siempre mintiera y le dijera que él era el responsable de enviarme a los Estados Unidos para continuar mi educación. Supongo que ese fue el impulso de su sentimiento de tener derecho a algo. Bueno, no lo tenía, mi primo materno, el jefe Boniface Anyaegbunam, sí. Ricky les mintió a sus hijos acerca de mí, les mintió a sus amigos acerca de mí y les mintió a las personas que yo respetaba y consideraba modelos a seguir y amigos en nuestro pueblo acerca de mí.

Recuerdo una de las veces en Makurdi caminando por la calle con uno de los amigos de Ricky que él me presentó. Este hombre inesperado comentó con desdén que yo era el hermano de Ricky en Estados Unidos y por el cual él había estado sufriendo para mantenerlo allí. Dijo que en lugar de quedarme en Estados Unidos y que mi hermano tuviera dificultades para financiar mi estancia allí, debería volver a casa y empezar a trabajar duro como todos los demás en Nigeria. Le hice saber a este hombre que el mejor consejo es el que se solicita. En otra ocasión, en 2007, me alojaba en el Centro de Conferencias y Retiros Bishop Okoye (BORACC por sus siglas en inglés), un alojamiento dirigido por la congregación de monjas Hijas del Divino Amor en Nkpor, cerca de Ogidi, Nigeria. Un día afuera, vi a dos sacerdotes que estaban conversando. Conocí a uno de ellos que casi todos los veranos se aloja en las instalaciones de Nueva York, Estados Unidos. Me acerqué a ellos, los saludé y me presenté ante el sacerdote que no conocía. Para mi asombro, el Sacerdote que no conocía comentó que debía ser el hermano menor del Ing. Eric Akubue quien decidió mantenerse alejado de su familia.

Más tarde descubrí que el nombre del sacerdote era P. Jorge Muoba. Recordé que Ricky me habló de un Reverendo Padre del que era amigo y me dio su número de teléfono. Tengo los nombres y números de teléfono de aproximadamente diez sacerdotes en mis contactos telefónicos, pero no recordaba el nombre de este sacerdote. Todo lo que hice fue escribir "Fr." para Padre en mi motor de búsqueda de contactos y reconocí su nombre en la lista de Reverendos Padres que apareció. Esto fue la madrugada del sábado 8 de abril de 2023, y casi 16 años después. Le envié un mensaje de texto preguntándole si le habían informado que mi hermano mayor había muerto. Unos minutos más tarde llamó a mi número desde Nigeria y quiso saber quién era. Le dije mi nombre y le pedí su respuesta a mi pregunta de texto. Cuando insistí en escuchar su respuesta a mi pregunta, dijo que por supuesto y me reveló que él era el sacerdote que ofició la ceremonia de entierro de mi difunto hermano en Uruowa, Umuanugwo en Ogidi.

Le pregunté si recordaba el día en BORRACC que estaba conversando con otro sacerdote que conocía y que vino de Nueva York. Se acordó y le dije que fui yo quien se acercó a ellos y se presentó. Recordó lo que dijo para hacerme saber que conocía a mi hermano mayor. Le dije que estaba decepcionado por el comentario que me había hecho ese día y que no entendía cómo podía juzgarme negativamente basándose únicamente en lo que mi hermano le había contado sobre mí. Dije que esperaba que él, como sacerdote, supiera mejor. Luego le conté un poco sobre mi relación con mi hermano. Después de escuchar mi relato, se arrepintió, dijo que lo sentía y me pidió que lo perdonara en el nombre de Cristo cuya resurrección estábamos a punto de celebrar. Le respondí que así como Dios nos perdona nuestras ofensas, ¡sería un cristiano hipócrita si no lo perdonaba! Le dije que lo perdonaba.

Y en algún momento antes de uno de mis viajes a Nigeria, Ricky me llamó y me pidió que comprara llantas para su sedán Peugeot 504 para reemplazar las llantas gastadas. Esos neumáticos nuevos formaban parte de mi exceso de equipaje cuando emprendí mi viaje. Cuando mi vuelo llegó al aeropuerto de Makurdi, mi hermano, su familia y amigos estaban en el aeropuerto esperándome. Tan pronto como terminé con los funcionarios de Inmigración y Aduanas y mi equipaje apareció en el carrusel de llegadas, mi hermano se abalanzó a las llantas con entusiasmo.

Condujimos hasta Ogidi, a nuestra casa en Uruowa, Umuanugwo, para visitar a mamá y papá. Estaban muy contentos cuando llegamos. Mamá tenía que hacer un recado que le exigiría caminar una larga distancia. Me ofrecí a llevarla al lugar con el Peugeot y le pedí a Ricky la llave del auto. Me dijo que el coche en realidad pertenecía a su esposa Uzoamaka. Le dije que no pregunté quién era el dueño del auto al que le puse cuatro llantas desde Estados Unidos. Lo que pedí fue la llave del auto para llevar a nuestra mamá a dónde iba. Mamá suplicó que no le importaba caminar, pero yo no quise oír hablar de eso, especialmente cuando nosotros, sus hijos, volvimos a casa con un auto que debería usarse para llevarla a donde quisiera ir. Terminé llevando a mamá adonde iba y regresando con el auto.

Como se mencionó anteriormente, Patricia y Eric eran de la misma calaña, de carácter y comportamiento similares. Les mintieron a sus hijos y nunca les dijeron la verdad sobre las cosas que hice para ayudar financieramente y de otro modo. Cuando nuestro padre dijo que no podía pagar la matrícula de Patricia hasta la escuela secundaria y quería que se casara, me opuse y me ofrecí como voluntario para pagarle la matrícula por el resto de su carrera en la escuela secundaria. Asistió a la escuela secundaria para niñas de Ogidi. Yo era funcionario público en Orlu, estado de Imo, de 1973 a 1976. Patricia viajaba a Orlu para cobrarme las tasas escolares. Las dos veces que vino a Orlu no tenía dinero ahorrado para dárselo. Siempre acudía a un tal señor Ogbuowere, nativo de Orlu y mensajero de la oficina divisional, para pedirle que me prestara el dinero. Este anciano fue más bien un benefactor para mí con bondad paternal. Él, sin problemas, me dio el dinero para la matrícula de Patricia. Mientras duró su estancia en mi apartamento de una sola habitación, nunca movió un dedo para ayudarme a limpiar o cocinar. Yo limpiaba la alfombra del piso de vinilo con las manos y las rodillas en el piso mientras ella se acomodaba en una silla y levantaba los pies de la alfombra hacia el lugar de la alfombra donde estaban sus pies.

Ella se quejaba de que yo estaba en Orlu disfrutando de una deliciosa sopa gwusi mientras en casa comían sopa aguada. Ella prometió contárselo a mamá. Sin embargo, ella nunca protestó ni dejó de comer para mostrar su desaprobación. Antes de que Patricia y su familia vinieran a los Estados Unidos a residir en Gainesville, Florida, ella y Ricky me llamaron desde Nigeria. Me llamaron conjuntamente para que Patricia me informara que ella y su familia habian obtenido una visa de lotería para mudarse a Estados Unidos. La felicité y le pregunté si se iban a establecer en Minnesota, a lo que ella dijo que se iban a mudar a Florida. Sinceramente pensé que se iban a mudar a Minnesota y la perspectiva de tenerlos aquí en Minnesota era estimulante, pero no fue así. Agregaron que la llamada también era para pedirme apoyo económico para sufragar el costo de sus pasajes de avión. Les señalé que, dado que nadie me llamó ni me envió un mensaje de texto para informarme sobre el plan de mudarse a los Estados Unidos, no esperaba que me llamaran porque nunca me dejaron conocer su plan. Sin embargo, terminé ofreciéndome a pagar los boletos de avión de Patricia y su último hijo: Oluchukwu.

Había abierto una cuenta en Nigeria a nombre de Patricia con el fin de satisfacer las necesidades de nuestro padre. Le dije que cerrara la cuenta y usara el dinero para comprar el billete de avión de Oluchukwu, que yo le enviaría el dinero para su propio billete de avión. Después de hacer esta oferta, Ricky me agradeció pero al mismo tiempo me instó a extender mi generosidad pagando los boletos de avión de mis cinco sobrinas y de Patricia, su madre. Sorprendido, comenté que lo que me pedía que hiciera adicionalmente y cómo lo presentaba olía a una lógica peculiar, sin precedentes y desafiaba la comprensión. Me pregunté qué motivo subyacía a un llamamiento tan extraño y cómo diablos podía hacerlo con cara seria.

De todos modos, ahí fue donde terminamos la conversación telefónica. Patricia me llamó cuando todavía tenía mi teléfono fijo y me dejó un mensaje en el buzón de voz quejándose de que le había enviado la cantidad exacta de dinero para su billete de avión y nada extra para su bolso. Esta fue su falta de gratitud y un intento de hacerme sentir mal por no darle más dinero. Ella ocultó el hecho de que yo pagué su billete de avión y el de su último hijo, Oluchukwu, a su marido, quien, según supe más tarde, había puesto a su disposición el dinero de sus billetes.

Era invierno de 2002 cuando Patricia y los niños llegaron al Aeropuerto Internacional JFK de Nueva York. Compré seis chaquetas de invierno que su esposo, el Dr. Julius Ezepue, se llevó a Nueva York para recibirlas a su llegada. Compré y envié por correo unas dos o tres veces toda la parafernalia de cocina del hogar para ella. Incluso se puso en contacto conmigo para informarme que parte de lo que envié por correo se había roto durante el transporte y me pidió su reemplazo, lo cual hice. Le escribí un cheque por $500.00 para contribuir al dinero que estaba recaudando para comprar una camioneta para llevar a los niños a la escuela. A cambio, le dije que me gustaría que mis sobrinas pasaran una de sus vacaciones con nosotros en St. Cloud. Ella estuvo de acuerdo, pero meses después, cuando quise que los niños vinieran y le dije que les iba a enviar el dinero para el pasaje del transporte, ella se echó atrás y sugirió que todavía le enviara dinero para usarlo en la compra de una computadora para los niños. No estaba feliz de que ella incumpliera su promesa. Los niños no vinieron a St. Cloud y yo no les di el dinero como ella sugirió.

Patricia y Ricky mintieron constantemente a sus hijos sobre mí, su tío materno y paterno, respectivamente. Nunca quisieron que estuviera en contacto con sus hijos por temor a que supieran la verdad sobre lo que he estado haciendo para ayudar económicamente a las familias. Patricia y Ricky me mantuvieron fuera del circuito de comunicación de nuestros hermanos Akubue y continuaron con su conspiración para usarme y socavarme a mí y a otros, incluido su esposo, el Dr. Julius Ezepue, como vaca lechera. Me mantuvieron tan fuera de su vida al grado que no sabía que ella había dejado a su esposo el 3 de octubre de 2010. Mi hermano Ricky instruyó a Patricia a través de un mensaje de texto que, como Dios quiere y puede hacer posible, terminó en el teléfono de su esposo, en el que le indicaba que se mudara de la casa familiar con sus hijos.

Una cosa que encuentro incomprensible es la mentalidad de mi hermana es la de no desear el éxito o el progreso de los demás, incluido su propio marido. El acuerdo secreto entre mis hermanos fue motivado por el deseo de mi hermana de detener el progreso de su marido y el plan egoísta de mi hermano de no devolver el dinero que nuestro cuñado le prestó. Estaba teniendo una conversación telefónica con mi vecino Christopher Okonkwo, de bendita memoria, y estoy seguro de que dije algo en ese momento que lo llevó a decir con asombro que yo no debía haber sabido que Patricia ya no vivía con su esposo. ¡No tenía ni idea! Mantuve mi amistad con su exmarido.

A Patricia le gusta dictarme con quién ser amigo o no, y a quién ayudar y a quién no ayudar económicamente. Ella se quejaba y le molestaba el hecho de que yo estuviera hablando con su exmarido, quien, según ella, la maltrató mientras estaban casados. La hipocresía de todo esto es que Patricia solía conducir hasta Tallahassee, Florida, para asistir a los eventos de graduación o la fiesta de cumpleaños de la Sra. Veronica Nonyelum Okaro (Nee Ezepue), la hermana mayor inmediata de su exmarido, el Dr. Julius Ezepue.

La verdad es que el enemigo de mi hermana no es automáticamente mi enemigo también. No puedo, de buena fe y como adorador de Dios, considerar al enemigo de mi hermana como mi enemigo, sólo para mostrarle lealtad. Eso sería infantil y absurdo. El primer signo de estupidez, observó Robert Mugabe, es heredar a los enemigos de otras personas como señal de lealtad. ¡No me malinterpretes, amo a mi hermanita! Siempre estaría ahí para ella en su momento de necesidad, pero quiero estar vivo para mis tres hijos, que resultan ser los menores de los cuatro hermanos del Jefe Jerome Chiejina y Grace Oliji Akubue, siendo que yo fui el último en tomar un cónyuge.

Viviendo en Morgantown, WV como Estudiante de Doctorado en WV

Mientras era estudiante de doctorado en la Universidad de West Virginia, trabajé en el hospital universitario de la universidad como trabajador del servicio de alimentos II en el departamento de Dietética. Mis tareas incluían trapear pisos, lavar ollas, platos y sartenes, colocar comida en bandejas en la línea de ensamblaje, cargar el carrito de servicio de alimentos con ruedas y entregar las bandejas de comida en el piso de arriba de las habitaciones de los pacientes. Trabajaba a tiempo completo con un salario de poco más de doce mil dólares al año. Uno de los supervisores del departamento de dietética era John Sowell, un hombre afroamericano. Se sentía muy importante porque dos de los trabajadores del servicio de alimentos bajo su supervisión eran candidatos a doctorado en la Universidad de West Virginia: yo y un tal Sr. Stephen Dike, también de Nigeria. Se jactaba ante la gente de que dos estudiantes de doctorado eran sus subordinados. Uno de los que lo escuchó me lo contó. Le aseguré a mi informante que lo que había oído era verdad, pero le expliqué que Steve y yo éramos pájaros de paso trabajando para poder ir a la escuela. También trabajé como vigilante de estudiantes en las residencias universitarias, de 23 a 23 horas. a las 4, 6, 7 u 8 a.m., dependiendo del turno que me asignen en una noche en particular. Nos llamaron el personal nocturno.

Pude mudarme a mi propio complejo de apartamentos para estudiantes casados de la Universidad de West Virginia, compuesto por una sala de estar, un dormitorio, un baño y un área de cocina. Al final Dorothy se mudó conmigo. No mucho después de que ella se mudara conmigo, fuimos al juzgado de Morgantown y nos casó el juez DuPont. No trajimos testigos que nos sustituyeran, por lo que el juez DuPont llamó a algunos transeúntes por el tribunal para que fueran testigos de nuestro matrimonio. No sabíamos quiénes eran, pero les dimos las gracias cuando se marcharon. Luego, el juez DuPont nos dijo a Dorothy y a mí que volviéramos siempre que pudiera sernos de mayor utilidad, como para el divorcio u otra cosa.

Más tarde nos mudamos del complejo de apartamentos de la universidad a una casa. Dorothy sugirió, después de haber estado casados tres años, que solicitaramos una Green Card para mí. Dudé al principio, pero al final acepté. Presentamos nuestra solicitud a la Oficina de Inmigración en Pittsburgh, Pensilvania, y recibimos una fecha de cita para la entrevista. Nos dirigimos a Pittsburgh para la entrevista según lo previsto. Mi esposa y yo estuvimos ubicados en habitaciones separadas para la entrevista. El señor que me entrevistó me explicó el proceso de antemano. Su primera pregunta me sorprendió, sin saber si una pregunta de esa naturaleza no era lo suficientemente personal como para estar fuera de los límites e inapropiada. Comenzó diciendo que mi esposa tenía una marca de nacimiento en alguna parte y me pidió que le dijera dónde estaba ubicada. En mi respuesta, le pregunté si veía a mi esposa y lo hermosa que era. Él reconoció que ella era realmente hermosa. Seguí preguntándole que, si tuviera intimidad con ella, estaría buscando una marca de nacimiento. Lo que sucedió después fue la primera vez que vi a un hombre blanco reírse tan fuerte e incontrolablemente que las lágrimas corrían por sus mejillas. Le tomó más de cinco minutos finalmente recomponerse. Dos veces empezó a decir algo, pero se echó a reír otra vez. Estaba muy seguro de que fue el espíritu de Dios en mí el que me inspiró a responder de la forma en que lo hice. Finalmente, dijo que tenía una pregunta más para mí. La pregunta era sobre los anillos que llevábamos mi esposa y yo, quería saber quién los había comprado. Comencé mi respuesta diciendo que me daba vergüenza admitirlo, pero le dije, sin embargo, que mi esposa los había comprado. Terminó la entrevista y afirmó que tendríamos noticias suyas en dos semanas. Nos dimos la mano y después Dorothy y yo emprendimos el camino de regreso a Morgantown.

Para mi agradable sorpresa, mi Green Card estaba en nuestro buzón dos días después de llegar a casa. Un par de años más tarde, seguí el consejo de Dorothy de solicitar la ciudadanía. Al principio dudé porque no estaba seguro de cómo manejaría mi madre la noticia de que su hijo favorito se había convertido en ciudadano de un país distinto de Nigeria. Completé y envié mi solicitud a la Oficina de Inmigración en Pittsburgh, Pensilvania.

Fue mientras vivíamos en el complejo de apartamentos para estudiantes casados de la Universidad de West Virginia, donde había niños por todas partes, que Dorothy observó por primera vez mi afinidad por los niños pequeños. Siempre me detenía mientras estaban afuera jugando para hablar con ellos y ellos disfrutaban cada vez que los levantaba en el aire con cariño y reía con ellos al mismo tiempo. Un día me dijo que había notado cómo levantaba a los niños pequeños en el aire y disfrutaba jugando con ellos. Fue entonces cuando lamentablemente me dijo que no podía tener nuestro bebé porque le habían hecho una ligadura de trompas después de haber tenido a su hijo en su matrimonio anterior. También dijo que sabía que "los hombres africanos viriles no se conformaban con la paternidad mediante la adopción". Dijo que sería egoísta por su parte mantenerme en nuestro matrimonio sin hijos y se ofreció a divorciarse de mí condicionalmente, para poder casarme con una mujer con quien tener hijos. Fue un día triste para mí, por decir lo menos. Su condición era que yo no me casara con otra mujer estadounidense, prefiriendo casarme con una esposa de mi grupo étnico nativo Igbo en Nigeria. Al final se divorció de mí, pero seguimos siendo buenos amigos hasta el día de hoy. Dorothy se volvió a casar y vive en Lynchburg, Virginia. Es profesora jubilada de historia. Cumplí su deseo durante un viaje a Nigeria donde conocí y le propuse matrimonio a una bella dama llamada Georgina Ngozi Okosa.

Durante el último semestre de mi curso, me sentí abrumado por la cantidad de trabajos de investigación que aún tenía que presentar a los profesores de los diferentes cursos que estaba tomando ese semestre. Me di por vencido y comencé a acostarme y a sentir lástima de mí mismo. Un día estaba acostado solo cuando una voz me dijo que me levantara y llamara a los profesores y les pidiera una extensión de tiempo para permitirme completar y enviar mis trabajos. Todos menos uno me dio más tiempo. El profesor me dio más tiempo, pero dijo que me descontarían una letra de calificación, es decir, una calificación "A" estaba fuera de mi alcance. Les agradecí a todos y me puse manos a la obra. Me ocupé de los documentos, defendí mi tesis y me gradué con un título de Doctor en Educación en Educación Tecnológica, Tecnología y Asuntos Energéticos, Estudios de Desarrollo y Asuntos de Género en 1989.

Reubicándome en St. Cloud, Minnesota

En 1990, me mudé a Minnesota para comenzar mi nuevo trabajo como Profesor asistente en la Universidad Estatal St. Cloud, St. Cloud, Minnesota. Debido a que me mudé a Minnesota, la Oficina de Inmigración de Pittsburgh transfirió mis documentos de solicitud de ciudadanía a la oficina de Inmigración de Bloomington, Minnesota. Me asignaron una fecha de entrevista el 14 de febrero de 1991. Yo y un profesor nigeriano que conocí en la Universidad Estatal de St. Cloud y que conocía las direcciones para llegar al lugar estábamos en la oficina de Bloomington a la hora prevista. La entrevista salió bien. Me dijeron que tendría noticias suyas en un par de semanas. Mientras mi amigo y yo caminábamos de regreso a mi auto, escuchamos una voz de mujer que repetía "disculpe señor", intentando llamar la atención de alguien. Al principio no miramos hacia atrás para ver a quién se dirigía. Sólo nos volvimos porque ella persistió. Resultó que quería hablar conmigo. Cuando me alcanzó, me preguntó si me importaría prestar juramento esa tarde como nuevo ciudadano de los Estados Unidos de América. Explicó que un juez tomaría juramento a los nuevos ciudadanos en St. Paul, la capital del estado, ese mismo día y que necesitaban diversidad en el grupo. Le respondí que no me importaba, entonces me dio información del lugar en St. Paul y la hora de la ceremonia de juramento.

Primero íbamos a regresar a St. Cloud antes de despegar hacia St. Paul. Necesitaba que este profesor amigo mío viniera conmigo ya que era nuevo en Minnesota y no conocía el camino. Cuando estuve listo y fui a su casa a recogerlo, me dijo que estaba ocupado y que no podía acompañarme como estaba planeado. Mi corazón dio un vuelco mientras me preguntaba cómo llegar al lugar sin mi amigo navegante. Sin embargo, despegué por la Interestatal Hwy I-94. Me perdí el camino un par de veces, pero llegué al lugar justo a tiempo. Le atribuyo a la Intervención Divina y a la Divina Providencia que llegué al lugar de manera segura y puntual. En pocas palabras, la historia es que me convertí en ciudadano de buena fe de los Estados Unidos el día de San Valentín, el mismo día en que me entrevistaron para la ciudadanía. Esta es una rareza que sólo Dios puede conceder.

Ondeé con orgullo mi pequeña bandera estadounidense mientras saltaba y saltaba hacia adelante, levantando una pierna tras otra fuera del pasillo. Mi amigo profesor me vio unos días después en St. Cloud y me preguntó con fingido entusiasmo si había asistido a la ceremonia de juramento. ¡Le informé que estaba ante un nuevo y orgulloso ciudadano de los Estados Unidos de América! Si me preguntas, creo que se sintió decepcionado porque todo me salió bien.

Viajé a Nigeria en 1991 por primera vez después de la muerte de mi madre para ver y orar en su tumba, para llevar a Georgina Okosa al Consulado de los Estados Unidos en Lagos, Nigeria, para que me presentaran a los funcionarios allí como mi esposa tradicional y para presentar una aplicaciones para llevarla a Estados Unidos. Fue en el verano de 1991. En el Consulado presenté a mi esposa y en broma le expresé que me gustaría celebrar la Navidad ese año con mi esposa en los Estados Unidos, tal como lo harían con sus propios cónyuges en Nigeria. Mi esposa no lo logró en 1991, pero se reunió conmigo en los Estados Unidos en marzo de 1992. ¡Eso no estuvo nada mal! Estábamos muy felices de estar finalmente juntos y muy listos para formar nuestra propia familia. Estaba embarazada cuando nos casamos en Christ Church Newman Center, en 396 First Avenue, South, St. Cloud, Minnesota 56301, 1993, con el Reverendo Padre. Nick Dressen oficiando. Ya estábamos programando y acudiendo a citas en nuestra clínica para recibir atención prenatal antes de la boda.

La regularidad de nuestras visitas a la clínica para recibir atención prenatal aumentó un poco después de la boda. Cuando llegó la fecha prevista para que Gina diera a luz, no se puso de parto ni experimentó contracciones. Como el bebé no nació como se esperaba, Gina le sugirió al médico que la indujera a tener el bebé. El médico objetó, diciendo que sólo sería inducida al menos dos semanas después de la fecha prevista. Nos sugirió cosas que podíamos hacer para ayudar en el proceso, una de las cuales llevamos a cabo con regularidad y más que las demás. Estábamos en el hospital St. Cloud después de la fecha prevista para ver a un médico especialista en esta etapa del embarazo. Después de que el médico terminó de examinar a Gina y salía de la habitación, comentó que el bebé no había sido concebido cuando le indicamos. Me volví hacia Gina momentos después de que el médico cerrara la puerta detrás de él y le pregunté si escuchó lo que había dicho el médico. Ella respondió diciéndome que ignorara al médico, pues él no sabía de qué estaba hablando.

Personalmente, no aprecié la manera frívola y poco profesional en que habló el médico, pero lo que dijo fue motivo de reflexión que me recordó lo que dijo mi tía materna Josephine Anyaegbunam (la hermana menor de mi madre) en Nigeria cuando la llamé para darle las buenas noticias que Gina había recibido. Expresó sorpresa por el hecho de que ya estaba embarazada, señalando que estábamos juntos desde hacía muy poco tiempo. Sabía exactamente lo que estaba insinuando el médico. También me vino a la mente la frase "bebé de mamá, quizás de papá". Sólo el Dios Todopoderoso—el omnisciente, el omnipotente y omnipresente—sabe la verdad sobre lo que sucedió.

La siguiente vez que estuvimos en el hospital fue para que Gina se hiciera una ecografía. Luego del procedimiento nos informaron la ausencia del latido del corazón y posteriormente la triste noticia de que el bebé estaba muerto. Mi esposa estaba en peligro porque el bebé no salía del útero. Estaba nervioso y preocupado porque temía perder también a mi esposa. El doctor Richard Hill de nuestra familia estaba parado conmigo en la habitación del hospital de Gina con lágrimas en el rostro. Mi esposa lo notó y me hizo señas para que me acercara a ella. Ella me susurró para asegurarle al médico que no lo íbamos a demandar. Lo hice. Mientras tanto, los médicos y enfermeras del hospital fueron muy serviciales y cooperativos, y atendieron a Gina con comprensión y compasión. Al día siguiente, después de varias horas de agonía que mi esposa había soportado, finalmente el bebé fallecido salió. Lancé un gran suspiro de alivio, agradecí y alabé a Dios por su misericordia.

El bebé fallecido fue limpiado. Un sacerdote católico entró en nuestra habitación del hospital para bautizar al bebé. Cuando el sacerdote preguntó qué nombre queríamos darle, mi esposa dijo Henry antes de que pudiera siquiera mencionar el nombre que quería. También le dio el nombre nativo de Chukwuma, que significa "sólo Dios sabe lo que pasó". Sentí que mi esposa había usurpado intencionalmente mi responsabilidad tradicional como padre en nuestra costumbre nativa Ogidi de nombrar al bebé. Utilicé la palabra "intencionalmente" porque mi esposa conocía la costumbre. No entendí el porqué del nombre Henry, pero lo dejé así por la desafortunada circunstancia. El hospital nos pidió permiso para tomar algunas partes del cuerpo del bebé para realizar investigaciones, y se lo concedimos. Cuando pedimos ver al bebé por última vez antes de la cremación, me dijeron que no nos aconsejaban hacerlo debido a lo que le habían hecho. Fue incinerado y metimos las cenizas en un frasco.

Gina tuvo un aborto espontáneo más tarde después de la muerte del bebé. Era de noche cuando empezó a tener escalofríos y temblores. Yo estaba junto a su cama tomándola de la mano, consolándola y tranquilizándola. Cuando de repente el teléfono empezó a sonar, contesté y era mi amigo profesor fue quien me llamaba para implorarme que por favor me diera prisa en ir a su casa y lo llevara a la sala de emergencias del Hospital St. Cloud. Al parecer, había sufrido una intoxicación alimentaria y estaba muy enfermo. Me encontré en un dilema al decidir qué hacer entre dos situaciones graves. Le conté a mi esposa sobre la situación del profesor. Mientras sostenía su mano me arrodillé junto a la cama y oré para que la sabiduría de Dios prevaleciera en mí para hacer Su voluntad. Le aseguré a mi esposa que el Señor cuidaría de ella mientras la dejaba bajo su cuidado y me iba a la casa del profesor. Estaba en el suelo cuando llegué allí, en el charco de lo que salió de él. Lo ayudé a levantarse, lo llevé a mi auto y me fui a la sala de emergencias. Me fui cuando los médicos comenzaron a cuidarlo y regresé con mi esposa. Ella me dio la triste y lamentable noticia de que había perdido al bebé. Le aseguré que nuestra fe en Dios nos llevaría a tiempos mejores en el futuro. Le aseguré que el tiempo de Dios siempre era el mejor. Las dos cosas que sé acerca de Dios gracias a mi participación en la meditación católica diaria dirigida por el P. Njume es que Dios nunca llega tarde, pero nosotros los seres humanos somos bastante impacientes. Además, el silencio de Dios no es su ausencia.

El Nacimiento de Nuestros Hijos

Gina dio a luz a nuestro primer bebé, Anthony Ikechukwu Akubue Jr., el 22 de marzo de 1994. Cuando mi esposa estaba embarazada de nuestro segundo bebé, le dije al Dr. Richard Hill que no queríamos saber el sexo del bebé. Sin embargo, por alguna razón, en una conversación con el médico, dijo que la niña estaba muy activa. El médico estaba allí cuando nuestro segundo hijo, Jerome Chijioke Akubue (el homónimo de mi padre), nació el año siguiente, el 27 de octubre de 1995. Busqué el sexo, me volví hacia el médico y le dije que definitivamente no era una niña. Después de dos niños, oré mucho para que nuestro próximo bebé fuera una niña, para poder ponerle el nombre de mi madre. Mi esposa, mis hijos y yo estábamos en nuestra clínica habitual para hacerle una ecografía a mi esposa. La ecografista era una amiga de la familia. Le había dicho que estaba orando por una niña. Ella dijo que creía que mi oración había sido respondida porque vio algo con la forma de una hamburguesa. Salté muy alto de emoción y felicidad porque Dios había concedido mi oración cuando nuestra bebé llamada Grace Nnenna Akubue, llamada así en honor a mi madre, nació el 2 de agosto de 1997.

Estaba tan feliz de tener una niña que alquilé una limusina para llevarla a casa desde el hospital. La limusina estaba estacionada y esperando en la puerta D del Hospital St. Cloud cuando salió una enfermera con Gina y la bebé en una silla de ruedas. Cuando no vio el auto familiar por ahí, Gina sugirió que lo llevara a la puerta D, para que la enfermera no tuviera que empujar la silla de ruedas hasta el estacionamiento donde supuso que estaba estacionado el sedán Volvo familiar. Señalé la limusina y dije que era nuestro transporte especial a casa como regalo por darle una princesa a la familia. Nos embarcamos en la limusina, la princesa en su asiento de seguridad. El chófer nos dio un largo y agradable paseo por la ciudad. Cuando le dije al chofer que estábamos listos para regresar a casa, respondió diciendo que estaba seguro de que no lo reconocía. Luego me dijo que yo era su profesor favorito en St. Cloud Stated University cuando él era estudiante allí. Admití que no. ¡Qué giro de acontecimientos! Supuse que eso explicaba que el paseo fuese más largo de lo habitual. Le agradecí por el paseo cuando nos dejó en nuestra residencia en 435 McKinley Place S, St. Cloud, MN 56301. Nuestros tres hijos nacieron en el hospital St. Cloud y fueron traídos a casa en esta dirección. Cada vez que la enfermera de partos me entregaba a cada bebé después de haberlo limpiado, los levantaba en el aire debajo de sus brazos y se los ofrecía a Dios para que los protegiera y los guardara.

En 1996, visitamos Nigeria, antes de que naciera Grace Nnenna Akubue, para presentar a Anthony Jr. y su hermano Jerome a sus familiares. Le presenté a ambos niños a mi padre, el jefe Jerome C. Akubue. Jerome, que tenía siete meses, estaba sentado en el regazo de papá cuando le presenté a papá como su tocayo. La expresión de su rostro me dijo que estaba muy feliz de saber que mi segundo hijo, su nieto, era su tocayo. Estábamos de regreso en los Estados Unidos después de una estancia de aproximadamente dos meses en Nigeria.

La Muerte de Mi Padre, el Jefe Jerome Chiejina Akubue

Papá murió dos años después, en 1998. Antes de que recibiéramos la triste noticia de su fallecimiento, algo extraño sucedió la noche anterior. Jerry se despertó esa noche llorando y negándose a permanecer en su cama. Seguí intentando que volviera a dormir en su cama, sin éxito. Mi esposa Gina sugirió que lo dejara conmigo mientras yo miraba la televisión en el piso de abajo y que lo volviera a acostar cuando se durmiera. Funcionó y lo acomodé nuevamente en su cama momentos después. Al día siguiente recibimos la triste noticia de que papá había muerto. Desde que se anunció públicamente la muerte de mi padre, recibimos la visita de personas para darnos el pésame. Teníamos la fotografía de mi papá para que la vieran quienes iban. Un amigo mío, el Dr. Al-Hassan Musah, un ghanés, estaba de visita ese día en particular y estaba mirando la foto de papá. Jerry se acercó y se paró a su lado. Al ver la foto de papá que nuestro invitado sostenía, Jerry la señaló y dijo "él", "él", "él", ¡repetidamente! Me di cuenta de eso y supuse que Jerry reconoció el rostro de papá en la foto como el mismo rostro que vio mientras dormía la noche en que se despertó llorando y temiendo quedarse solo en su cama. El espíritu de papá llegó a mi pequeño después de que pasó para entregarle el bastón y despedirse de él. Mamá, mis hermanas Bridgett y Rosalyn precedieron a su muerte. Rosalyn murió en 1996.

Fue el mismo año en que mi esposa Gina viajó a Nigeria con Tony y Jerry antes de mí. El acuerdo era que yo me uniría a ellos después de dar mi clase de verano en julio. Le ordené que mi hermana menor inmediata, la Sra. Rosalyn

Nnonyelum Chukwurah (Nee Akubue), viera a mis hijos tan pronto como llegaran a Nigeria. Para mi consuelo era importante que ella los viera porque me dolía que nuestra madre no pudiera verlos antes de su muerte en 1990. Rosalyn tampoco los vio. Mientras todavía estaba enseñando en St. Cloud ese verano, recibí una llamada telefónica de mi primo materno, el jefe Boniface Anyaegbunam, para darme la triste noticia de que mi querida hermana Rosalyn había muerto. Llegué a Nigeria al final de mi clase de verano con todos los regalos que le había comprado a Rosalyn y mi plan de establecer un nuevo negocio para ella. Le di todo lo que le compré a su primera hija, mi sobrina, MaryAnn Chukwurah. Sus hijos, mis dos sobrinas y cinco sobrinos, ahora son todos hombres y mujeres adultos, todos menos uno está casado y tienen hijos. La Sra. MaryAnn Anuebunwa (de soltera Chukwurah) murió a principios de 2023.

Las Muertes de Mi Cuñado, Mi Hermano Mayor y Mi Primo Materno

No hace mucho, en 2017, tuve una conversación telefónica con mi sobrina, Ngozi, la segunda hija de mi hermana Rosalyn. La llamé para preguntarle sobre su padre (mi cuñado), el Sr. Christopher Chukwurah y sus hermanos. Cerca del final de la conversación telefónica, le conté mi plan de llamar a su padre en los próximos tres días. Nos deseamos lo mejor y terminamos la llamada. Mientras colgaba el teléfono y estaba a punto de ocuparme de otras actividades del día, el espíritu de Dios en mí me dijo que llamara a mi cuñado de inmediato, que no esperara para llamarlo en tres días. Lo llamé. Atendió la llamada, pero no pudo decir nada inteligible. Todo lo que escuchaba era el sonido de "ahahahahahahah". Pensé que fue una mala recepción. Corté la llamada y lo llamé nuevamente, pero estaba pasando lo mismo. Sospeché que algo andaba mal. Terminé la llamada y llamé a mi sobrina inmediatamente, indicándole que alguien fuera inmediatamente a ver a su padre. Lo encontraron en grave estado de salud. Lo llevaron de urgencia a una clínica cercana donde el médico le diagnosticó un caso muy grave de hipertensión.

Según el médico, estuvo a punto de sufrir un derrame cerebral. El médico hizo un trabajo estelar al tratarlo e ingresarlo en la clínica para su seguimiento. La gente acudía a la clínica para verlo mientras estaba convaleciente. Les decía a todos los que iban a verlo que sus cuñados en Estados Unidos le habían salvado la vida. Yo había sido sólo un conducto. Gloria a Dios en las alturas y paz en la tierra a los hombres de buena voluntad. Desafortunadamente, unos años más tarde, en 2021, mientras caminaba de regreso a su casa después de hacer un recado, mi cuñado, el Sr. Christopher Chukwurah, sufrió una fuerte caída y nunca se recuperó. Murió el 9 de octubre de 2021. Que su alma gentil descanse en paz. Además de mi cuñado, en 2021 también perdí a otras dos personas muy queridas. Mi hermano mayor, Ing. Eric Ositadinma Akubue murió el 5 de julio de 2021. Mi primo materno, el jefe

Boniface Anyaegbunam, quien patrocinó mi traslado a los Estados Unidos, murió el 25 de diciembre de 2021 en Navidad. ¡Que sus almas descansen en paz!

Mi Llamada al 911 que Salvó la Vida de Mi Amigo

Un evento más reciente tuvo lugar el sábado 1 de octubre de 2022 en St. Cloud, Minnesota. Cuando el profesor Alex Polacco (Alex), originario de Bangladesh, renunció a su puesto docente en la Universidad Estatal St. Cloud a principios de 2022 debido a la enfermedad de Parkinson, me mantuve en contacto con él y oré regularmente por él y su familia. Vivía solo en un apartamento en Ambercrest Apartments en Ranae Lane, St. Cloud, MN 56301. Lo llamo regularmente para ver cómo está, en caso de que necesite algo en lo que pueda ayudarlo. De vez en cuando lo llevaba a la farmacia, a un restaurante o a una tienda departamental para recoger sus medicamentos en CVS, para comprar comida en Arby's o Cane's, o a Walmart para comprar agua con gas saborizada, respectivamente. Hablé con él la tarde del martes 27 de septiembre de 2022 cuando me dijo que otro amigo suyo lo había llevado a algún lugar al que necesitaba ir. Discutimos algunos temas de interés, incluido mi último artículo en el St. Cloud Times, del que prometí enviarle una copia para recibir sus comentarios. Normalmente, llamaría unos días después de leer cada artículo para discutirlo y ofrecer su opinión. Cuando no supe nada de él la semana siguiente, lo llamé, pero su teléfono sonó varias veces y cambió a su correo de voz. Llamé nuevamente el viernes 30 de septiembre de 2022 con el mismo resultado. Al día siguiente, sábado 1 de octubre de 2022, conduje hasta los apartamentos Ambercrest por la tarde y lo llamé desde mi auto mientras estaba estacionado al costado de la carretera al lado de su edificio. El resultado fue el mismo.

Me preocupé de que algo hubiera salido mal. Saludé a un joven que pasaba por allí y me dijo que el nombre del complejo de apartamentos era Ambercrest Apartments. Sabía el nombre de la calle. Necesitaba la información porque iba a llamar al 911 para un control de bienestar de Alex. Conduje de regreso a mi casa y llamé al número de teléfono del despacho de policía para solicitar un control de bienestar de Alex. Me hicieron varias preguntas, incluida mi relación con Alex, dónde vivía, la última vez que hablé con él, etc. Recibí una llamada aproximadamente una hora después de la policía para informarme que Alex se había caído en su apartamento y estaba indefenso. Me informaron que lo llevaron rápidamente en una ambulancia al Hospital St. Cloud, donde ingresó en la unidad de cuidados intensivos el sábado por la noche. El policía me dijo que había sido oportuno que lo llamara cuando lo hice, de lo contrario, habríamos estado hablando de fatalidad. A Dios sea la gloria por el don del Espíritu Santo, quien nos da diferentes dones a cada uno de nosotros para el bien común.

Llamé al hospital el sábado por la noche y pude hablar con la enfermera de cuidados intensivos asignada a Alex, una tal Heather. Me presenté por mi nombre y respondí sus preguntas antes de informarle que yo era uno de los amigos de Alex, quien hizo la llamada para un chequeo de bienestar de Alex que culminó con su rápido transporte al hospital. Ella me dio las gracias y comentó, como policía, que si no hubiera llamado cuando lo hice, no estaríamos hablando de Alex en tiempo presente. También me informó que sus hermanas llegarían pronto de Canadá. Fui a ver a Alex el domingo 2 de octubre de 2022 mientras estaba en su cama de hospital en la habitación 446 con los ojos cerrados y conectado a varios dispositivos médicos.

Las hermanas y el sobrino de Alex llegaron a St. Cloud el lunes 3 de octubre de 2022 y consiguieron alojamiento en CentraCare-Gorecki Guest House en 1309 6th Ave. N, St. Cloud, Minnesota 56303, convenientemente ubicado frente al St. Cloud Hospital. Alguien relacionado con el hospital le dio a la hermana mayor de Alex, Alma Sergeant, mi número de teléfono para que me llamara. Se presentó cuando llamó y, mientras conversábamos, se preguntó quién era el hombre que llamó para comprobar el bienestar de su hermano. Cuando supo que era yo, se alegró de haber identificado finalmente al "hombre misterioso". Ella estaba muy agradecida y dijo que gracias a mi llamada oportuna su hermano todavía estaba vivo. Dijo que tenían muchas ganas de conocerme y me imploraron que los visitara cuando me conviniera. Antes de finalizar la llamada, ella me agradeció nuevamente, refiriéndose a mí como San Antonio, a lo que yo objeté expresamente.

Visité y conocí a las hermanas Alma, Yolanda, Alice y al hijo de Alma en Gorecki Guest House el miércoles 5 de octubre de 2022 a última hora de la tarde. Estaban agradecidos de conocer finalmente al "hombre misterioso" que alertó a la policía de que su hermano, Alex, podría estar en problemas. Me prodigaron elogios, lo cual fue un poco abrumador para mí, ya que no estaba acostumbrado a los elogios.

Estaba en la tienda el sábado 8 de octubre de 2022 por la tarde recogiendo algunos artículos para el hogar, cuando se me ocurrió comprar algunos bocadillos y bebidas para Alma, sus hermanas y su hijo. Desde la tienda llamé a Alma para informarle que iba al hospital a visitar a Alex. Estaban en el hospital con su hermano en el momento de mi llamada. Ella dijo que me estarían esperando. Llegué al hospital y los encontré en la habitación de su hermano. Antes de irme, oramos juntos por la continua misericordia de Dios para Alex y para todos nosotros.

Al final de mi visita pedí a las hermanas que me acompañaran a mi vehículo para recoger lo que les había comprado. Dos de ellas vinieron y me acompañaron hasta el frente de Gorecki Guest House, donde les resultó conveniente llevar los regalos a su habitación.

Las hermanas y el hijo de Alma partieron la madrugada del lunes 10 de octubre de 2022 de regreso a Canadá. Alma Sergeant me envió un mensaje de texto para informarme de su llegada sana y salva a Canadá y, nuevamente, me agradeció efusivamente. Desde entonces, me ha estado enviando mensajes de texto para darme actualizaciones, incluida la feliz noticia de que Alex habló y había preguntado si alguien había visto su teléfono celular. Eso me alegró tanto que exclamé: "¡Gracias Señor!" Conociendo su condición y el miedo en la voz de la enfermera la primera vez que llamé la noche del sábado 3 de octubre de 2022 y también su condición cuando lo vi, es un milagro que estuviera hablando libremente. Cuando llamé al hospital el viernes 14 de octubre de 2023, Alex contestó el teléfono en la habitación 427 N. ¡Qué emoción fue para mí! Me dijo que había iniciado un régimen de terapia. ¡Gracias a Dios! Alex fue trasladado a St. Benedict's Senior Community, una instalación de CentraCare Health System, St. Cloud, MN 56304, el lunes 17 de octubre de 2022. Alex fue transferido posteriormente a Good Shepherd Active Senior Community en 1115 4th Avenue N. Sauk Rapids, Minnesota. 56379, donde se aloja actualmente, y lo visito de vez en cuando.

Llevar Urgentemente a un Amigo Gravemente Enfermo al Hospital de Emergencias por la Noche

Hace algunos años, otro amigo mío se desplomó en su apartamento. Una noche del año 2000, mi esposa y yo teníamos a nuestros hijos (Tony, Jerry y Grace) sentados en la alfombra y estaban escuchando las historias que les contábamos. También estaba pelando y cortando manzanas y entregándoselas a los niños para que las comieran mientras escuchaban. El teléfono empezó a sonar y mi esposa atendió la llamada. Una mujer lloraba frenéticamente por teléfono, suplicando que alguien acudiera en su ayuda para llevar a su marido a la sala de urgencias del Hospital St. Cloud. Mi esposa me entregó el teléfono para que hablara con la mujer. La mujer que lloraba era la esposa de mi amigo, el señor Fred Yiran, que se había reunido con su marido recientemente desde Camerún, en África Occidental. Conocía el apartamento donde vivían e inmediatamente me puse de pie y rápidamente me vestí listo para salir corriendo al rescate. Mientras me dirigía a la puerta principal de nuestra casa, Jerry me preguntó adónde iba. Le dije que un amigo estaba gravemente enfermo y que iba a ayudarlo a llevarlo al hospital. Jerry, que en ese momento tenía unos cinco años, me dijo: "¡Ese es el espíritu papá!"

Les mostré el pulgar hacia arriba en señal de aprobación y desaparecí en la noche sin luna. Entré a su apartamento y vi a Fred tirado inmóvil en el suelo junto a lo que vomitó. Sentí una repentina oleada de fuerza en la parte superior de mi cuerpo. Inmediatamente me agaché y levanté a Fred, lo coloqué sobre mi hombro derecho y salí rápidamente hacia mi auto. Le grité a Janet que hiciera una maleta y me siguiera hasta el coche. En cuestión de minutos llegamos a la puerta de la sala de urgencias donde un enfermero en silla de ruedas nos esperaba. Fred fue llevado rápidamente a la sala de emergencias sin demora. Mientras Fred estaba sentado en la silla de ruedas esperando la atención de los médicos, noté que se deslizaba lentamente hacia abajo de la silla de ruedas. Rápidamente comencé a orar a Dios pidiendo misericordia, diciendo que Janet, la esposa de Fred, se había reunido con él recientemente desde Camerún, África occidental, y estaba embarazada de su primer hijo. Le supliqué a Dios que le perdonara la vida. Los médicos estaban encima de él, ordenando una serie de pruebas, entre otras cosas. A Fred le diagnosticaron un nivel muy alto de azúcar en sangre y una úlcera de estómago. Estaba estabilizado cuando salí del hospital para regresar a casa. Al parecer, Fred había sido diabético durante bastante tiempo sin darse cuenta. Más tarde fue amputado y vivió unos años más antes de morir en 2011. En una conversación posterior que tuve con Janet, ella reveló que llamó al número de teléfono que le llegó de la nada, sin saber de quién era ni a quién estaba llamando. aquella fatídica noche. A Dios sea la gloria siempre por Su Divina Providencia.

Mi Llamada Telefónica a un Amigo en el Hospital Antes de que Muriera Ese Día

Mi amigo, el Jefe George Ogbonna, y yo éramos ambos miembros de la organización insignia Igbo sin fines de lucro conocida como Umunne Cultural Association (USA) de Minnesota, que fue fundada en 1985 para servir a los intereses de la comunidad Igbo en Minnesota. La organización fue idea del difunto Jefe Daniel Emeka Ibekwe, quien consultó con los Ingenieros Austin Ihiekwe y Ngozi Nwaneri para obtener su apoyo y lograr que se unieran. El Jefe Ibekwe luego convocó reuniones a las que asistieron Mazi Joe Nnebedum, el difunto Jefe George Ogbonna, Mazi Nduka Omeoga, Mazi Emmanuel Onyekwere, Mazi Chima Ochiagha, Mazi Ikwuagwu Omeoga, Mazi Chris Obidiegwu, el difunto Jefe Simeon Agbara, el Ingeniero Mike Anunike, los doctores Chike y Joyce Onyekaba, el Jefe Fortune Ibekwe (hermano menor del fundador), la Sra. Onyebuchi Njaka, la Sra. Ifeoma Njaka y la Sra. Everista Nnadi. Otras personas se unieron a las reuniones posteriores.

El Jefe George Ogbonna era un hombre apuesto y simpático. Lamentablemente, George y yo no estábamos de acuerdo en ciertos temas sociales. Él utilizaba diatribas e invectivas contra mí, pero yo lo quería mucho, como a cualquier hermano en Cristo. En diciembre de 2011, recibí un mensaje de que George había sido ingresado en el Hospital Mercy en Coon Rapids, Minnesota, y se encontraba en estado grave. Le pedí a mi hijo Anthony Akubue Jr. que buscara el número de teléfono del Hospital Mercy, lo cual hizo, y llamé al hospital. Me transfirieron a la estación de enfermería encargada de su sala, donde me dijeron que George ya no podía hablar. Pedí hablar con su esposa, la Sra. Elizabeth Bijou Ogbonna, quien estaba con él en ese momento. Ella me conocía, y cuando me presenté, me confirmó que George ya no podía hablar, pero que podía oír y entender cuando se le hablaba. Le pregunté si podía orar por él, y ella puso el teléfono en el oído de George mientras oraba por el amor y la misericordia de Dios para él. Ella me agradeció, y terminamos la llamada. Unas dos horas después, ese mismo día, el 26 de diciembre de 2011, recibí la triste noticia de que mi buen amigo George había fallecido. Ese día perdimos a uno de los miembros fundadores de la Umunne Cultural Association. Creo que mi voz fue la última oración que él escuchó antes de morir. Mi gratitud a Dios por su exitosa vida en la tierra.

Un Milagro Salvó la Vida de Mi Hijo Jerome Akubue

Teníamos un asistente médico que era nuestro proveedor familiar en la Clínica Central Minnesota en St. Cloud, cuyo nombre era Peter Lindbloom. Peter era un buen hombre y era cristiano. Una vez hicimos una cita para verlo por algún problema de salud con uno de los niños. Nos atendió en la sala de examinación y nos informó de forma extraña que dejaba la clínica para ocupar un puesto en otro hospital. Antes de que abandonara nuestra clínica, compramos una tarjeta de despedida en agradecimiento por cuidar bien de nuestra familia a lo largo de los años. Fuimos a la clínica y pudimos verlo cuando no estaba con ningún paciente. Le dimos la tarjeta, nos tomamos de la mano formando un círculo con él y oramos para que la gracia de Dios fuera con él. En 2003, Jerome tenía dificultades para respirar y no nos lo contó ni a mí ni a su madre. Su hermano Tony terminó contándonos que Jerry había tenido dificultades para respirar toda la noche. Ese día, alrededor de la noche, Jerry vino a verme y me pidió que por favor lo llevara al hospital porque tenía dificultades para respirar. Nos movimos con rapidez y llegamos rápidamente a la sala de emergencias del Hospital St. Cloud. Mientras caminábamos hacia la sala de emergencias, Tony notó al PA Peter Lindbloom sentado en un rincón y nos alertó de su presencia. No lo esperábamos allí porque la clínica a la que lo trasladaron no estaba en St. Cloud. Cundo Tony dijo: "¡Papá, ahí está Peter Lindbloom sentado!"

Escuchó su nombre e inmediatamente se puso de pie y se acercó a nosotros preguntando qué pasaba. Le dijimos que Jerry tenía dificultades para respirar. Inmediatamente consiguió que los médicos se ocuparan del caso de Jerry en poco tiempo. Los médicos le estaban dando a Jerry toda la atención necesaria. Al ver que los médicos estaban atendiendo a Jerry, Peter vino a nosotros para decirnos que se iba. También reveló que había terminado su turno antes pero que por alguna razón desconocida para él permaneció sentado en la sala de emergencias y no salió. Mi esposa y yo le agradecimos mucho pues era un regalo del cielo antes de que saliera del hospital. ¡Dios mantuvo a Peter Lindbloom allí después de que su turno terminó esperando para facilitar que los médicos atendieran a Jerry de inmediato! Doy gloria a Dios siempre por su divina intervención y providencia.

Una copia impresa del informe médico que nos entregaron el día que le dieron el alta a Jerry decía lo siguiente: Sobre la historia del problema actual, el médico de la sala de emergencias escribió que:

"Jerome es un niño de siete años que ingresó al hospital con un historial de 3 días de dificultad progresiva para respirar, opresión en el pecho, sibilancias y tos. Lo habían visto en el consultorio dos veces antes de su ingreso y en la primera ocasión sintió cierta intolerancia a un medicamento para el resfriado y la tos. El segundo tuvo asma, pero también otitis y comenzó tratamiento con amoxicilina, además de nebulización con albuterol y prednisona oral. A pesar de este tratamiento, acudió a la sala de urgencias, donde se encontró que su flujo máximo era inferior a 150, mientras que el previsto era de 280, y se encontró que estaba moderadamente tenso a pesar de las tres nebulizaciones de albuterol y el esteroide oral previo. Se obtuvo una radiografía de tórax que mostró cierta hiperinsuflación, pero sin evidencia de infiltrado o proceso infeccioso. Fue ingresado en el hospital y comenzó a recibir dosis regulares de Solu-medrol intravenoso. Le aplicaron nebulización cada dos horas. Después de aproximadamente doce horas, tuvo un aumento dramático en su apetito y mejoras en su respiración hasta el siguiente momento en que estuvo muy activo en el momento del alta. Sus flujos máximos antes del tratamiento en el momento del alta fueron de 250 y después del tratamiento de 280. Durante la hospitalización no hubo evidencia de otitis en curso. Fue dado de alta a casa tarde al final del primer día de hospitalización para continuar con la nebulización con albuterol tres veces al día. Durante la hospitalización se inició Flovent 110 mcg dos veces al día. y al final de la hospitalización se le reanudó el tratamiento con prednisona 20 mg dos veces al día. para terminar su curso completo, que serían cuatro días más. Se suspenderá la amoxicilina. Durante la hospitalización se le dio instrucción sobre el uso del flujo máximo y, en general, enseñanza sobre el asma. Ambos padres participaron en la enseñanza del asma y parecían tener una buena comprensión. Se le recomendó que se pusiera en contacto con el médico de guardia en caso de caída del flujo máximo o cualquier empeoramiento de su estado respiratorio. Tendrá seguimiento en la clínica en una semana. Diagnóstico de alta: Asma (Dr. Gary Strandemo, MD, 07/09/2003 11:11 p. m.--08/09/2003 2:59 p. m.)"

Manos Invisibles Me Sacaron de la Cama para Ir a la Clínica

También en 2002/2003 me sentía mal. Tenía fiebre y estaba letárgico, con escalofríos ocasionales. Tuve esta condición durante bastante tiempo, esperando que eventualmente desapareciera, pero persistió. En la mañana de ese sábado en particular, mi esposa se despertó, se levantó de la cama y salió del dormitorio para comenzar su día. La vi alejarse sin levantarme, aunque estaba despierto. Mientras me acostaba en la cama, mi mirada estaba fija en el radio reloj de la cómoda. Estaba preocupado por mi problema de salud, pero no tenía ganas de levantarme y salir de la cama. Momentos después, mientras estaba acostado sobre el lado izquierdo de mi cuerpo en posición fetal, sentí las palmas de dos manos contra el lado izquierdo de mi cuerpo sobre el colchón empujándome hacia arriba como si quisiera levantarme de la cama. Sin perder tiempo me levanté de la cama y me dirigí directamente al baño. Rápidamente me lavé los dientes, me di una ducha y me vestí listo para partir. Llamé a mi esposa y le anuncié que iba a la clínica. Ella se sorprendió y me preguntó por qué iba a la clínica. Dije que no me sentía bien. Eran las 11:25 y la clínica estaba abierta hasta las 12:00. Salí rápidamente y llegué a la clínica sin perder mucho tiempo. Caminé hacia la ventana para que la recepcionista me registrara para que me atendiera un médico. Una enfermera me llamó a la sala de examen, me tomó el peso y la temperatura y me dijo que el médico vendría pronto a verme. Le agradecí mientras salía de la habitación.

El médico llamó a la puerta, entró en la habitación e intercambiamos saludos. Se sentó frente a mí y me pidió que le contara qué me había llevado allí un sábado por la mañana. Después de que le explicara cómo me sentía, dijo que le pediría al radiólogo que me tomara una radiografía del tórax. El tiempo se acababa, pero me aseguró que estaría esperando para examinar la imagen de rayos X antes de salir de la clínica. La imagen de rayos X estaba guardada en la carpeta que estaba fuera de la puerta, donde el médico la examinó antes de entrar en la habitación donde yo estaba esperando. Entré en pánico por la expresión de su rostro. Me anunció que tenía una infección en el lado izquierdo del pecho y que tendría que preguntarle al radiólogo si aún se podía hacer algo en la etapa de la infección. El radiólogo respondió afirmativamente, lo que llevó al médico a recetarme una dosis combinada triple de antibióticos que debía tomar sin parar durante un número determinado de días hasta que desaparecieran los sintomas. Descubrí que el sábado el médico era Patrick Lalley. Verá, Dios me impulsó a levantarme de la cama para dirigirme a la clínica donde tenía al Dr. Patrick Lalley esperándome. A Dios sea la gloria siempre por Su Divina Intervención y Providencia.

El Accidente que Dios Impidió que Mi Muerte Ocurriera

En otra ocasión, en 2004, tomé un vuelo desde Minneapolis/St. Paul en Minnesota a Omaha, Nebraska, para asistir a una Conferencia Nacional de Estudios del Tercer Mundo a mediados de octubre. Esta conferencia se celebraba anualmente en la Universidad de Nebraska en Omaha. Fue una conferencia de tres días y varias sesiones. La conferencia terminó un sábado por la noche y mi vuelo estaba programado para el domingo al día siguiente. Benjamin Anyaegbunam, el chico de mi ciudad natal que vive en Omaha, el mismo con el que salí de Nigeria el 7 de enero de 1978 en el mismo vuelo de KLM, se ofreció a llevarme al aeropuerto. Le tomó un tiempo prepararse para llevarme al aeropuerto. Cuando llegamos al aeropuerto, la puerta del avión se estaba cerrando y rogué en vano que me dejaran subir a bordo. Vi despegar mi vuelo previsto sin mí. Era imperativo para mí regresar a St. Cloud ese domingo porque tenía tres clases que impartir al día siguiente, siendo lunes. La idea de regresar conduciendo era aterradora, ya que nunca había conducido largas distancias solo.

Con aprensión, caminé hasta Hertz Rental Car en el aeropuerto para alquilar un automóvil por primera vez mientras estaba en un estado que no era Minnesota. Saludé a la representante afroamericana de Hertz detrás del mostrador y le informé que necesitaba alquilar un coche para regresar a St. St. Cloud, Minnesota. Debió haber estado trabajando con un procesador de textos en ese momento porque insertó un formulario en la platina para comenzar a escribir mis respuestas a sus preguntas. Después de escribir mi nombre e información, mencionó el primer tipo de seguro de alquiler de automóviles y me preguntó si lo quería. Le dije que no, pero momentos después dije que sí. Ella dijo abruptamente "¿disculpe?"

Le dije que estaba diciendo que sí a su pregunta a la que antes había dicho que no. Ella puso los ojos en blanco obviamente con frustración. Reemplazó el formulario que estaba llenando por uno nuevo y volvió a escribir la información que indicaba que quería el primer tipo de seguro de alquiler de automóvil. Luego me preguntó si quería un segundo tipo de seguro de alquiler de automóviles, a lo que respondí "no". Dejó de escribir mientras esperaba mirándome. Momentos después, me escuché decir "sí". Sacudió la cabeza con asombro y siguió escribiendo. Luego, me preguntó si compraría un tercer tipo de seguro de alquiler de automóviles y nuevamente dije "no". Dejó de escribir mientras me miraba y probablemente se preguntaba quién diablos era yo. Nuevamente dije "sí" un momento después. Ella escribió mi respuesta afirmativa. Finalmente, me preguntó si quiero un seguro para mi equipaje. Le dije "no", pero esta vez mientras esperaba una respuesta diferente le aseguré que no iba a cambiar de opinión porque mi equipaje solo contenía cosas materiales a las que no le daba mucha importancia. La transacción finalizó y ella me entregó un sobre que contenía los documentos del alquiler.

Salí y llegué a la autopista I-90 Norte a través de Iowa en ruta a Minnesota, cuando de repente un vehículo que iba en dirección opuesta me sacó de la carretera. Estaba haciendo todo lo que podía para controlar el auto mientras rodaba rápidamente por un valle profundo. Yo decía repetidamente "ayúdame, Dios", "ayúdame, Dios", "ayúdame, Dios", mientras el auto avanzaba por el valle. Al fondo del valle había un arroyo. Al llegar cerca del fondo, el automóvil fue reposicionado misteriosamente cuando aterrizó con los cuatro neumáticos en una superficie seca con el chorro fluyendo entre los neumáticos. El coche se detuvo. Dos conductores que vieron lo sucedido se detuvieron rápidamente al costado de la carretera, bajaron de sus vehículos y corrieron valle abajo para ayudarme. El más joven de los dos conductores llegó primero a mi coche. Intentó abrir la puerta del lado del conductor y anunció que la puerta se había atascado. Me preguntó si estaba bien y le dije que estaba bastante conmocionado. En ese momento, el conductor mayor ya me había alcanzado y estaba allí cuando el joven me estaba indicando que intentara arrancar el auto y, si arrancaba, que bajara la ventana eléctrica y saliera por la ventana.

Me temblaban mucho las manos y no podía introducir la llave en el contacto con una mano. Tenía la llave en el encendido sosteniendo mi mano derecha con mi mano izquierda para estabilizarla. Giré el encendido y el auto cobró vida, bajé la ventana eléctrica y torcí mi cuerpo de 6' 2" mientras salía del auto. Mis piernas temblaban cuando tocaron el suelo, pero el joven me sujetó evitando que cayera. Saltó a través del arroyo y me pidió que hiciera lo mismo, asegurándome que me empujaría hacia adelante para evitar que cayera al arroyo. Con las piernas temblorosas salté y él empujó hacia adelante justo a tiempo para evitar que cayera hacia atrás.

El conductor mayor me preguntó si tenía equipaje en el baúl y dije que sí. Le di la llave con la que abrió el baúl y saco mi portatrajes intacto: ¡el equipaje no lo había asegurado! El joven me ayudo y el hombre mayor llevaba mi estuche de ropa mientras caminábamos lentamente de regreso a la carretera donde un ayudante del sheriff ya estaba esperando. Solicitó mi licencia de conducir y cuando se la entregué volvió a su patrulla. Cuando volvió a verme observó que yo era profesor y le respondí que así me llamaban. Me pidió que le contara lo sucedido. Le dije que un vehículo que venía en sentido contrario me sacó de la carretera. Los dos conductores de Godsend que me ayudaron a subir le dijeron lo mismo. Cuando se iban, los llamé y les aseguré que nunca olvidaría la esperanza que me hicieron sentir. Nos despedimos y se fueron. El ayudante del sheriff y yo entablamos una amistad. Cuando le dije que llamé a mi esposa y le dije que me estaba tomando mi tiempo para regresar porque había varios patrulleros de carreteras en campaña de recaudación de impuestos, se rió y respondió que era bueno que fuera yo quien la llamara. y no él, lo que habría sido una mala noticia. El ayudante del sheriff Travis había llamado a una grúa, que llegó poco después.

La representante de Hertz, una señora blanca en el aeropuerto de Des Moines, Iowa, había sido alertada del accidente y me estaba esperando. La grúa arrastró mi coche alquilado hasta la mitad del valle y se detuvo. Un camión de remolque, que llegó poco después, levantó la grúa y mi coche de alquiler fue enganchado a la plataforma y arrastrado hasta el aeropuerto. Al llegar al aeropuerto presenté el documento de alquiler del coche a la trabajadora de Hertz. Después de estudiar los documentos, hizo una llamada telefónica y pude escucharla discutir con la persona al otro lado de la línea, diciendo que tenía que conseguirme otro auto de alquiler porque compré todo el seguro de alquiler necesario para calificar para obtener un vehículo de reemplazo. Cuando colgó el teléfono, preparó documentos nuevos y me asignó un Ford Escape para continuar mi viaje de regreso a St. Cloud, Minnesota. Ella me indicó cómo regresar a la carretera y una vez allí, comencé a cantar gloria a Dios en las alturas y paz al pueblo de Dios en la tierra.

Llegué a casa a las 2 de la madrugada del lunes. Mi esposa estaba despierta y me abrazó cuando entré por la puerta. Nuestros hijos, de 10,5, 9 y 7 años, estaban dormidos. Cuando finalmente le conté a mi esposa lo que realmente había sucedido, ella rompió a llorar, abrazándome y tocándome como para asegurarse de que no me dolía nada. Verá, el espíritu de Dios en mí indujo el espectáculo que dí en Omaha Hertz respondiendo "no" y luego "sí" tres veces a las preguntas que me hizo el representante sobre los tres diferentes tipos de seguros de alquiler que terminé comprando. A Dios sea la gloria siempre.

La Enfermedad que Casi Acaba con Mi Vida

En 2002 me enfermé gravemente y comencé a perder peso rápidamente. No sabía lo que realmente estaba pasando dentro de mí. Mi andar se volvió tambaleante e inestable. Cuando iba al garaje para ir al trabajo en coche, me agarraba del revestimiento de la casa para no caerme. Conducía hasta el estacionamiento asignado en el campus y me tambaleaba mientras caminaba hacia mi edificio y mi oficina por la mañana. Frente a mi clase me tambaleé, lo que llevó a algunos de mis alumnos a preguntarme si iba a estar bien. Pude ver a algunos de los estudiantes lamentarse porque mi condición estaba atrayendo su simpatía. Iba a la sala de emergencias del Hospital St. Cloud, donde me realizaban una serie de pruebas cada vez, pero no encontraban nada malo. En cada visita a la sala de emergencias me mantenían toda la noche monitoreando y revisando mi nivel de oxígeno. Me darían de alta aproximadamente a las 5 a. m. del día siguiente para irme a casa y estar en mi primera clase a las 9 a. m.

Finalmente, el director ejecutivo de la clínica de salud HealthPartners Central Minnesota. Nuestra clínica familiar hizo que nuestro médico de familia me remitiera a Mayo Clinic en Rochester, Minnesota, una de las mejores clínicas del mundo. A mi decano de la Facultad de Ciencia y Tecnología, el Dr. Al-Hassan Musah, le llegó la noticia de que estaba gravemente enfermo. Vino a mi casa y se emocionó hasta las lágrimas cuando me vio. Le dije que me habían remitido a Mayo Clinic. Llamó a su oficina y le ordenó a su gerente que cancelara todas sus citas y se ofreció voluntario a llevarme a Mayo Clinic. Nos registramos en un hotel en Rochester, Minnesota, y estábamos en la clínica a la mañana siguiente. Me registré y cuando apareció el médico ordenó una serie de pruebas. Los resultados de las pruebas mostraron que todo era normal, sólo que mi recuento de plaquetas era ligeramente bajo. Ese día por la tarde regresamos a St. Cloud después de que no pudieron encontrar nada malo en mí. En algún momento me cansé de mi terrible experiencia y estaba listo para morir. Le indiqué a mi esposa sobre alguien con quien hablar en la universidad para ayudarla a obtener los beneficios que le correspondian a ella y a nuestros hijos. Mientras lloraba, ¡me dijo que por favor dejara de hablar así! Le dije que estaba cansado de frecuentar urgencias donde no encontraban nada malo, y sin embargo me estaba demacrando rápidamente y perdiendo el ánimo de seguir viviendo. Noté a intervalos que mi abdomen vibraba y se estrechaba a medida que vibraba. Mi esposa no creía que esto me estuviera pasando a mí. En otra ocasión, cuando la vibración comenzó de nuevo, la llamé para que viniera y lo viera por sí misma. Cuando vio temblar mi abdomen, se echó a llorar y pronunció repetidamente "Señor, ten piedad".

Un día estaba acostado en mi sofá, contorsionando mi cuerpo en posición fetal y tomando lo que creía que eran mis últimos alientos. Mi esposa estaba parada allí en la sala viendo mi agonía sin saber qué hacer. Mientras estaba allí mirándome, dijo que una voz la llamó por su nombre de pila y de soltera (Ngozi Okosa) y le dijo: "¿Por qué estás ahí parada viendo morir a tu marido? Coge el teléfono y llama a tu familia en el pueblo de Nigeria y cuéntales lo que está pasando con tu marido".

Ella hizo lo que le ordenaron. Llamó a su hermano mayor inmediato, el Sr. Ikechukwu Okosa, en Lagos, Nigeria, y le contó mi condición. Él comenzó a llorar por teléfono, pero mi esposa le advirtió que su llanto no le servía de nada. Ella le ordenó que llamara a su familia en el pueblo de Ogidi y les dijera que su marido estaba en peligro de muerte. Ikechukwu llamó a su familia por teléfono y les dijo que el marido de Gina estaba gravemente enfermo y que yo había estado en hospitales varias veces donde no encontraban nada malo en mí. Se apresuraron a prometer llamarnos y colgaron el teléfono. Unas horas después nos llamaron en compañía de una señora a la que le pasaron el teléfono para hablar conmigo. Me pidió que le contara lo que me estaba pasando. Sólo pude susurrar, ya que mi voz se hacía menos audible. Me resultó extraño lo que ella dijo: dijo que unas personas malvadas me invocaron y me inmovilizaron. Todavía no lo entiendo hasta el día de hoy. Ella dijo que era bueno que fuera a los hospitales, pero que no había manera de que hubieran detectado lo que me pasaba. Dijo que mi espíritu se había ido y habría muerto si hubiésemos dependido de los hospitales. Ella dijo que trabajaría para restaurar mi espíritu y que todos los síntomas que estaba experimentando desaparecerían en cinco días. Tres días después estaba volviendo a la normalidad y al final del quinto día ya no había ningún síntoma. Estoy vivo hoy gracias a la intervención del Señor, mi Dios. Gloria a Dios en las alturas y en la tierra paz a los hombres de buena voluntad. ¿Quién era esa mujer?

Mi Esposa Georgina alertó sobre un Bulto Maligno en su Pecho

No mucho después de recuperarme de mi propia enfermedad, Gina apareció sentada en el último escalón al lado de la sala de donde estaba casi listo para salir a trabajar esa mañana. Se quejó de que le dolía un bulto en el pecho.

"¿Qué bulto?" Yo le pregunte a ella. Me acerqué a ella para ver el bulto y mi corazón dio un vuelco cuando lo toqué. t. Se le había desarrollado un bulto en el seno derecho y, por lo que parecía, lo tenie desde hacia bastante tiempo. "¡Ay dios mío!" exclamé. "Cariño, ¿qué has hecho?" Le recordé mi consejo recién llegado desde Nigeria de sentir siempre su cuerpo en busca de cualquier crecimiento inusual en cualquier parte de su cuerpo. Le informé sobre el cáncer de mama y la frecuencia con la que las mujeres padecían esta enfermedad y las buenas posibilidades de curación y supervivencia del cáncer con una detección temprana. Estaba devastado.

Intentó tranquilizarme diciéndome que no era cáncer. Inmediatamente conseguí una cita para llevarla a ver a nuestro médico de familia en la Clínica HealthPartners Central Minnesota. Durante la visita con nuestro proveedor, él colocó un alfiler en el tumor y luego la remitió inmediatamente a un cirujano. Fuimos al consultorio del cirujano donde nos presentamos al gerente del consultorio del médico. Nos dijo que el médico ya había programado dos cirugías para el día siguiente y que no programaría una tercera para el mismo día. Justo cuando le estaba suplicando, el cirujano se paró en el umbral de la puerta de su oficina y quiso saber qué estaba pasando. El jefe de su oficina le explicó la situación. Miró a mi esposa, a mí y a nuestros tres hijos pequeños y le indicó al gerente de la oficina que programara a Gina para una tercera cirugía al día siguiente.

El Dr. Manuel R. Morán se apiadó de mi joven familia y decidió emprender la agotadora tarea de realizar tres cirugías en un día. Nunca olvidaré ese extraordinario acto de comprensión y altruismo. ¡Gloria a Dios que creó al Dr. Moran a su propia imagen! Al día siguiente, era de noche cuando llevaron a mi esposa al quirófano. Me senté en la sala de espera abrazando a nuestros hijos que tenían sueño y se aferraban a mí. La cirugía tomó mucho tiempo, ya que le aconsejaron al cirujano que obtuviera más muestras de tejido de mi esposa. Eran más de las 10 de la noche y mis hijos se habían quedado dormidos cuando sacaron a Gina de la cirugía y la llevaron a la habitación de hospital asignada. Después de que mi esposa fue dada de alta del hospital y el resultado de patología confirmó un cáncer en etapa tres, comenzó su régimen de quimioterapia con una prescripción de tamoxifeno, junto con radiación. El cáncer se había extendido a los ganglios linfáticos y más allá, pero la quimioterapia y la radiación probablemente podrían prolongar su vida otros cinco años. Fue mientras estaba recibiendo quimioterapia y radiación que sufrió una convulsión un domingo por la mañana temprano. Llamé al 911 para llamar a la ambulancia que la llevó rápidamente a la sala de emergencias del hospital. Estuvo en coma durante cinco días en la habitación del hospital. Cuando salió del coma, saltó de la cama y se paseó por la habitación y el pasillo diciendo cosas, incluso reconociendo el televisor que estaba encendido y el hecho de que podía ver las imágenes en él. Habló de una situación en la que la gente llenaba una tumba con tierra sin descanso. Feliz de que saliera del coma, la abracé para calmarla y estabilizarla. Fue dada de alta unos días después.

Una vez en casa, le pregunté qué decía cuando salió del coma, particularmente en referencia al relleno de tierra de una tumba. Para mi sorpresa ella se acordó y me explicó que era ella la que estaba en la tumba que estaban tapando y que no dejó que la enterraran. Se me puso la piel de gallina al escuchar su aterradora experiencia. Por un tiempo volvimos a ser una familia feliz y agradecimos al Señor por darle más tiempo para pasar con su familia.

En 2005 empezó a sentir dolor por todas partes. Ella estaba tomando analgésicos y yo le colocaba almohadillas térmicas para aliviar el dolor. No tuvimos ayuda del hospital ni de los trabajadores de cuidados paliativos. Después me enteré de que se nos debería haber asignado a alguien para que nos ayudara. Nuestros hijos pequeños la cuidaban mientras yo estaba en el trabajo. Tan pronto como volví del trabajo los relevaba y salían a jugar, a veces con algunos niños del barrio. Fue durante este tiempo que estaba previsto que Grace recibiera su primera Comunión en el Christ Church Newman Center en St. Cloud. Su madre estaba decidida a estar presente en el servicio religioso para presenciar la primera Comunión de su hija. Todos fuimos a la iglesia ese domingo. Después de que Grace tomó la Sagrada Comunión, su madre quedó satisfecha y pidió que la llevaran a casa debido a sus dolores corporales.

Su condición empeoró y su pérdida de control corporal resultó en incontinencia fecal y urinaria, se volvió muy pesada. Vertía agua tibia en un balde y le agregaba el antiséptico líquido Dettol para limpiarla. La sostenía mientras nuestra pequeña, Grace, la limpiaba con una toallita humedecida en la combinación de agua y Dettol, la secaba y le ponía un pañal limpio. Cuando terminaba, me decía que la volviera a sentar. En ese momento la empujaban en una silla de ruedas. La llevábamos afuera a la terraza para que tomara aire fresco de vez en cuando. Grace también aprovechaba el tiempo que pasaba afuera para cepillarle los dientes a su madre y le daba agua en la boca paraque se enjuagara y escupiera. Observar a nuestra hija de casi ocho años limpiar y cepillar los dientes de su madre evocó en mi mente la imagen de mi madre cuidando a su nuera.

La Muerte de Mi Madre, la Sra. Grace O. Akubue y la Sra. Georgina Akubue

En ese momento recordé lo que mi esposa me había dicho acerca de experimentar una aparición de mi madre, la Sra. Grace O. Akubue, en 1990. Ella, sus padres y sus hermanos estaban todos sentados y conversando cuando apareció mi madre y comenzó a hablar con ella. Como mi esposa estaba diciendo cosas que ya no eran relevantes para su conversación original, le preguntaron con quién estaba hablando. Según mi esposa, mi madre le dijo que respondiera "sí" o "no" si le permitía a ella (mi mamá) regresar a la tierra como un bebé a través de ella (mi esposa). Supongo que la reencarnación. Mi esposa dijo que le respondió afirmativamente. Al escuchar el relato de mi esposa sobre lo sucedido, su madre le dijo que se vistiera rápidamente y se dirigiera a mi aldea (Uruowa, Umuanugwo) de inmediato para ver cómo estaba mi madre. Se vistió rápidamente y cuando salió para ir a mi aldea, una de mis sobrinas, MaryAnn Chukwurah, que venía de mi aldea para ver a mi esposa, se topó con ella y le dio la triste noticia de que mi madre había fallecido. Eso fue en mayo de 1990, antes de que mi esposa llegara a Estados Unidos.

Grace Oliji Akubue, mi madre por excelencia y ejemplar, mi modelo de bondad temerosa de Dios, mi infatigable sierva de Dios falleció en mayo de 1990, un año después de que me graduara con mi título de Doctor en Educación de la Universidad de West Virginia en 1989. quedó extasiada cuando recibió la buena noticia de ser conocida como la madre del Dr. Anthony Ikechukwu Akubue. La última vez que vi a mi madre fue en diciembre/enero de 1987/88, cuando visité Nigeria para cuidarla. El día que debía partir para regresar a Estados Unidos, mi madre me siguió fuera de la casa. Lo que ella me dijo ese día se sintió como una espada clavada en mi oído y comencé a llorar. Ella dijo que, si me iba de regreso a los Estados Unidos, no volvería a verme aquí con vida. Le supliqué que necesitaba regresar para terminar mi programa de doctorado. Esperaba terminar para poder cuidarla mejor. Cuando ella murió, cuestioné el valor de toda mi educación sin mi madre para mostrarle mi gratitud por todo su arduo trabajo y amor al criarnos. Lloré inmensamente.

Recibí una carta que ella y papá escribieron y que estaba en tránsito cuando ella murió. En la carta ella comentaba que yo era un hijo muy considerado y afectuoso y me imploraba que nunca le diera la espalda a mis hermanas y a mi hermano. Su deseo era mi orden por cumplir sin falta. La muerte de mi madre fue especialmente dura para mí debido al fuerte vínculo que existía entre nosotros. ¡Ella fue mi inspiración y la mejor madre que un hijo podría tener! No pude viajar en ese momento para su funeral porque estaba haciendo una entrevista para un trabajo en Nueva York y Minnesota. Sin embargo, mi amigo Paul Siciliano me prestó $1200,00, que envié en 1990 a través de DHL a mi padre y mis hermanos para ayudar con el funeral de mi madre. Gracias a Dios recibieron el dinero. Lo que todavía me duele hasta el día de hoy es mi hermano mayor, el Ing. Eric O. Akubue desinformó a nuestros parientes maternos que le dije a la persona que me había llamado para darme la trágica noticia de la muerte de mamá que me estaba molestando y le había colgado el teléfono. ¡Sólo Dios sabe por qué mi hermano prefirió la desinformación a la actualidad!

Perdón por haberme desviado, pero sentí que era importante escribir sobre la muerte de mamá y la experiencia de mi esposa con la aparición de mamá. En cualquier caso, era finales de julio de 2005 y mi esposa ya no podía hablar. Ella sólo podía observar mientras hacíamos lo que había que hacer. Mi esposa aguantó hasta el 2 de agosto de 2005, cuando nuestra hija Grace cumplió ocho años. Su madre nos observaba mientras le cantábamos el feliz cumpleaños a Grace. Dos horas después ella ya no estaba. Mi esposa estaba decidida a ver el octavo cumpleaños de nuestra hija antes de morir. Por eso, el cumpleaños de Grace es agridulce para nosotros, ya que nos recuerda su nacimiento y la muerte de su madre.

Algo extraño me sucedió cuando mi esposa falleció: sentí una repentina oleada de fuerza y resistencia de parte de mi esposa, como para animarme a afrontar la desafiante tarea de criar a nuestros hijos yo solo, llevarlos a la escuela y hacer mi trabajo. Gracias a Dios por hacer posible que esté a la altura de esta ardua y desafiante tarea. El cuerpo de mi esposa fue trasladado en avión a casa para ser enterrado en mi pueblo. Su ataúd fue llevado al hospital Minneapolis/St. Aeropuerto Internacional Paul para el vuelo programado a Nigeria. Los niños y yo estábamos siguiendo el vehículo de Daniel Funeral Home que llevaba a mi esposa en nuestro auto hasta el aeropuerto. Una vez que su ataúd estuvo a bordo del avión, nos pusimos en camino de regreso a St. Cloud. Era un día soleado sin indicios ni pronósticos de tormenta. De repente se desató una tormenta acompañada de una fuerte lluvia. Miré mi reloj de pulsera y era la hora prevista de despegue del vuelo que llevaba el cuerpo de mi esposa. ¡Les anuncié a mis hijos que su madre acababa de salir de los Estados Unidos de América! La tormenta y la lluvia cesaron abruptamente después de unos minutos y el sol volvió a brillar.

Cuando llegamos a nuestra residencia, noté que la tormenta había movido arena y sedimento por nuestro césped hacia la calle. Debido a la fuerte tormenta, el césped de nuestro césped asumió una posición inclinada hacia la calle. No acompañé el ataúd de mi esposa a Nigeria debido a una situación en mi lugar de trabajo y a que mis hijos eran muy pequeños. Llamé a mi suegro, el señor Davidson Okosa, para explicarle por qué no llevaría yo mismo el cadáver de mi esposa. Dijo que le parecía bien y me pidió que pusiera el cuerpo de su hija en un buen ataúd, le enviara algo de dinero para el funeral y dejara todo lo demás a cargo de él y su familia. También me comuniqué con mi cuñada Joy para informarle de mi conversación con su padre. Ella entendió y apoyó a su padre. El ataúd era decente y le envié $3000.00 para que se encargara de la ceremonia fúnebre.

Llamé a mi hermano Ricky para contarle sobre los arreglos para el funeral de mi esposa. Le pedí el favor de ir al Aeropuerto Internacional Dr. Nnamdi Azikiwe de Abuja para reunirse con las hermanas de mi esposa y recibir su cuerpo a su llegada. El se negó. Luego llamé a un amigo mío, el Sr. Ikechukwu Iwu, en Lagos, que también tenía una casa en Minnesota, donde vivía su familia, para informarle que Gina había muerto y rogarle que me hiciera el favor de ir a Abuja para reunirse con las hermanas de mi esposa y recibir su cuerpo a su llegada. Conocía muy bien a mi esposa y se sorprendió al saber que había muerto. Estaba en Abuja cuando llegó el cuerpo de Gina y viajó con ellos y el ataúd a Ogidi y estuvo presente en el funeral. Habló en el funeral en nombre de todos nosotros en Minnesota. Nunca olvidaré su amabilidad y simpatía por el resto de mi vida.

Mi epresión Tras la Muerte de Mi Esposa

En algún momento después de la muerte de mi esposa, comencé a experimentar depresión. Era temporada navideña, la primera sin mi esposa. Una tarde saqué un papel de lienzo y escribí con un rotulador en mayúsculas y negrita una frase de cinco palabras: "¡La vida duele sin ti, mamá!" Lo colgué junto a la ventana donde las luces navideñas parpadeantes lo iluminaban. Me desperté una mañana y fui al baño a darme una ducha. Tan pronto como el agua de la ducha me golpeó, recordé mi experiencia mientras dormía la noche anterior y comencé a gritar "Estuve con mi esposa anoche" repetidamente, y lo suficientemente fuerte como para que Tony Jr. me escuchara y llamara a la puerta del baño. Respondí que había estado con su mamá anoche y que les contaría lo que ella había dicho tan pronto como saliera del baño.

Una vez fuera los hice sentar a los tres para escucharme. Tu mamá se me apareció flotando en el aire con un vestido completamente blanco, sonriendo con gracia y hablándome. Ella me dijo que estaba feliz, lo cual pude ver. Dijo que ya no cojeaba, que volvía a ser la mujer hermosa con la que me casé, que podía hablar y ¡nunca se había sentido mejor! Le respondí que, si bien era bueno para ella, nos dejó tristes, afligidos y llorando por ella. Le hice saber que después de mi feliz experiencia con ella como esposa, no estaba seguro de poder vivir alguna vez con otra mujer como esposa. Ella sonrió con orgullo y dijo que yo era demasiado joven para vivir el resto de mi vida viudo.

Dijo que debía volver a casarme cuando llegara el momento adecuado, y se marchó." Después de escuchar el mensaje de su madre, comenzaron a aplaudir y a saltar de felicidad. ¡La depresión que me retenía me abandonó ese día! ¡A Dios sea la gloria siempre!

También estaba la historia de los gatos que aparecieron afuera de nuestra casa después de la muerte de mi esposa, un gato de color naranja y un gato negro. El gato de color naranja caminaba a lo largo de la cerca que demarcaba el límite con la propiedad de nuestro vecino hacia el sur, mirando fijamente y con nostalgia nuestra casa. Una vez, un amigo de la familia trajo a mis hijos a casa después de una lección de natación y se detuvo en la calle junto a la acera. Cuando los niños salieron del auto, el gato de color naranja salió, corrió hacia ellos y comenzó a dar vueltas a su alrededor. Mientras corrían asustados hacia la puerta principal de nuestra casa, el gato corrió tras ellos. Yo estaba parado en la puerta para dejarles entrar corriendo a la casa. Le negué la entrada al gato después de que mis hijos entraron a la casa. El gato estaba sentado afuera de la puerta principal mirándome. Le dije al gato que sabía quién era y que no la iba a dejar entrar a la casa. El gato se levantó instantáneamente, se dio la vuelta y se alejó lentamente.

En otra ocasión, mis hijos y yo habíamos estado de visita en algún lugar y regresamos a casa por la noche. Cuando giré el vehículo hacia nuestro camino de entrada, los faros mostraron un gato negro sentado en la parte superior del camino de entrada, cerca de la puerta del garaje.

"Papá", gritaron mis hijos, "¡ahí está el gato negro sentado en el camino de entrada!"

Les respondí diciendo: "¡Ese es el espíritu de tu mamá en el gato!"

Alguien a quien les hablé del gato negro que había en el camino de entrada al día siguiente en el trabajo, y de que les dije a mis hijos que era el espíritu encarnado de su madre, comentó que no la volveríamos a ver porque la habíamos reconocido. ¡Nunca más vimos al gato!

Viaje a Nigeria con Mis Hijos

Nos estábamos preparando para viajar a Nigeria en 2006 para la misa en memoria de mi esposa. Llamé a Joy, mi cuñada, para que reservara una habitación de hotel en Abuja, la capital de Nigeria, para los niños y para mí, y así lo hizo. Tuve la idea de solicitar una subvención a la Oficina de Misiones Católicas de la Diócesis de St. Cloud para llevarla a Nigeria y utilizarla en pagos por el servicio masivo para los difuntos. Recibí la subvención. Necesitaba un Reverendo Padre en la Arquidiócesis de Onitsha que me consiguiera una cita para reunirme y presentarme al arzobispo Valerian Maduka Okeke, Arzobispo de Onitsha y su conurbación eclesiástica. Llamé a una Reverenda Sr. Igbo que conocía en Minnesota para pedirle ayuda y ponerme en contacto con un Reverendo Padre en Nigeria. Gracias a Dios resultó que sus dos hermanos eran sacerdotes en Nigeria. Ella me dio sus nombres y números de teléfono. Llamé al mayor de los dos hermanos, el P. Augustine Ezeanya, me presenté y le hablé de mi necesidad de ver al arzobispo Okeke. Él estuvo muy dispuesto y me aseguró que haría los arreglos necesarios.

A medida que se acercaba la fecha de nuestro viaje, tuve la premonición de que mi cuñada Joy conspiraría con el pastor de su iglesia en Abuja para hacerme daño si seguía adelante con mi plan, que incluía reservar una habitación de hotel y traerme comida para nosotros en el hotel. Llamé al P. Agustín y volví a pedirle sugerencias sobre el alojamiento en Abuja. Recomendó el Centro de Conferencias y Retiros del Amor Divino (DRACC), operado por las Reverendas Hermanas de la Congregación de las Hijas del Amor Divino en Abuja. Me dio el número de teléfono del establecimiento y también se puso en contacto con la Rda. Sor, encargada, Sor Eugenia Ofodeme, para informarle que íbamos. Cerca de nuestro viaje programado, llamé al DRACC y le di a la hermana Ofodeme nuestro itinerario de vuelo, esperando que viniera al aeropuerto a recogernos. El día de nuestro viaje abordamos un vuelo de KLM con destino a Ámsterdam donde hicimos una escala de unas horas. Nos sentamos en la puerta indicada originalmente para nuestro próximo vuelo de KLM directamente a Abuja, Nigeria.

Algo me hizo sospechar que estaba tardando demasiado en hacer la llamada de embarque para nuestro próximo vuelo a Abuja, Nigeria. Tuve que preguntarle al personal de KLM a qué se debía el retraso. Me enteré de que la puerta había sido cambiada. La puerta correcta estaba a unos ocho minutos de donde estábamos. Tony Jr. salió corriendo hacia la nueva puerta mientras Jerome, Grace y yo hacíamos lo mejor que podíamos llevando nuestras maletas de mano y caminando a un ritmo muy rápido. Tony Jr. llegó a la puerta y les informó que su padre y sus dos hermanos estaban en camino. Sucedió lo impensable: el avión esperó a que llegáramos antes de despegar. Finalmente llegamos allí, abordamos el avión inmediatamente y el vuelo de KLM despegó rumbo a Abuja. Cuando el avión se acercó al espacio aéreo de Abuja, el espíritu del Espíritu Santo en mí me dio la instrucción de arrodillarme e inclinar la cabeza después de pasar por Aduanas e Inmigración. Al salir de los controles de Aduanas e Inmigración, me arrodillé, incliné la cabeza momentáneamente y cuando me levanté, una señora con un vestido blanco se acercó a mí para anunciar que una Reverenda Hermana me estaba esperando afuera. Nunca había visto a esta señora, ni a la Reverenda Hermana, que sospechaba que debía ser Sor Eugenia Ofodeme.

Cuando salimos al área de equipaje, mi cuñada Joy nos vio y nos llamó. Intercambiamos saludos antes de que ella recogiera nuestro equipaje. Le dije que ya no íbamos a registrarnos en el hotel, que habíamos hecho arreglos alternativos para el alojamiento. Su semblante cambió, luciendo estupefacta y en shock. Cuando se recuperó del estado en el que se encontraba, protestó diciendo que ya nos había reservado una habitación de hotel. Le imploré que cancelara la reserva, indicándole que pagaría la cancelación tardía si fuera necesario. Vimos afuera a sor Eugenia Ofodeme con aspecto de persona muy enferma. Le sugerí que debía ser Sor Eugenia Ofodeme, ella reconoció que lo era y me presenté a mí y a mis tres hijos. El conductor del DRACC nos ayudó a colocar nuestro equipaje en el vehículo de su Centro. A mi pregunta de si estaría en casa del pueblo para asistir al servicio religioso en memoria de su difunta hermana, Joy respondió que no había planeado hacerlo. Le dije que viniera al DRACC al día siguiente a recoger una maleta con lo que compré para ella y su pastor. Salimos del aeropuerto camino al DRACC. Alquilé un vehículo para llevarnos hacia el este al día siguiente.

Más tarde ese día, la hermana Ofodeme me dijo que se enfermó repentinamente cuando tenía que venir al aeropuerto a buscarnos. Dijo que sentía la necesidad imperiosa de ir al aeropuerto a recogernos, enferma o no. Esto confirmó mi sospecha anterior en el aeropuerto de que no se encontraba bien. Esperamos mucho tiempo al día siguiente a que llegara mi cuñada para recoger la maleta que le habían hecho. Nos subimos todos al vehículo listos para partir cuando el taxi que ella tomó llegó al Centro. Señalé la maleta que le dejaron mientras nuestro vehículo se alejaba. Sor Ofodeme me llamó una o dos horas después de que saliéramos del Centro para informarme que tenía que recordarle a mi cuñada que fuera a recoger la maleta y se fuera, porque ella estaba allí parada sin palabras, como pegada al lugar. Finalmente se fue llevándose la maleta.

Llegamos sanos y salvos al pueblo por la noche ese día, nos registramos en el Centro de Conferencias y Retiros Bishop Okoye (BORACC) con Patrick, mi sobrino, que se había unido a nosotros para ayudarnos con las cosas que teníamos que hacer durante nuestra estancia. Cuando llegué a la tumba de mi esposa me postré sobre ella, con traje y todo; sin embargo, cuando me levanté no había ni un solo detritus adherido a mi ropa. El servicio se celebró en mi casa, todavía en construcción. El servicio religioso estuvo presidido por tres sacerdotes. Fue un servicio conmemorativo muy digno. Antes del viaje de regreso a América, llevé a mis hijos a presentárselos a mi tía, la Sra. Josephine E. Anyaegbunam, en Abor, Ogidi. Cuando entramos a su sala de estar, donde ella estaba sentada, saludé y presenté a mis hijos. Abrazó a cada uno de ellos y comentó que era sorprendente cuánto se parecía Grace a su hermana mayor (mi madre). El esposo de mi tía y mi benefactor, el jefe Barnard Anyaegbunam, también había fallecido en ese momento. Les pedí a los tres sacerdotes de la misa en memoria de mi esposa que por favor vinieran conmigo para celebrar otra misa para mi tío político. Ellos vinieron con nosotros y luego le dijeron a mi tía que vinieron porque yo había pedido una misa para mi tío. Mostré mi gratitud y aprecio al Sacerdote.

Con nuestra misión completada en Nigeria, estábamos de vuelta en Abuja en DRACC. Al día siguiente estábamos en el Aeropuerto Internacional Dr. Nnamdi Azikiwe, Abuja, donde abordamos nuestro vuelo de KLM, primero a Ámsterdam y luego al Aeropuerto Internacional JFK, Nueva York, al día siguiente. Ese mismo día regresamos sanos y salvos a nuestra casa en St. Cloud. Alabamos y agradecimos a nuestro Dios misericordioso por un viaje seguro de ida y vuelta desde Estados Unidos a Nigeria y de regreso.

Mi Viaje a Nigeria Sin Mis Hijos

Estuve nuevamente en Nigeria en 2007, esta vez sin mis hijos. Mi sobrino Patrick Oseloka Chukwurah se unió a mí en Nigeria para ayudarme mientras estuve allí. Acompañamos a una amiga de mi difunta esposa en Nigeria que estaba visitando a alguien en el Hospital Iyi-Enu Mission en Ogidi. El Hospital Iyi-Enu Mission comenzó como un dispensario en una antigua casa de barro situada en un antiguo complejo de CMS. La casa fue construida por el primer obispo del territorio de Níger: el Rvdo. Rev. Samuel Ajayi Crowther, que también sirvió como su residencia. Fue esta casa la que se transformó en un dispensario, cuya primera piedra fue colocada por el gobernador general británico designado para Nigeria en 1913.

En el hospital caminamos por los senderos techados que conectan todos los edificios del hospital con la sala donde se encontraba el individuo que la amiga de mi esposa necesitaba ver. Le dijeron que la persona a la que vino a ver no estaba trabajando ese día. Estando todavía en la sala, notamos un cuerpo en la cama completamente cubierto con una sábana. El cuerpo era el de una mujer embarazada fallecida. Nerviosos, abandonamos la sala para salir del hospital. Mientras caminábamos por el pasillo techado, noté a una anciana sentada en un banco en la esquina de un pasillo bifurcado que conducía a otro edificio del hospital. El Espíritu trino en mí me indujo a detenerme a observar a esta mujer. Parecía devastada y perdida. Mi sobrino y el amigo de mi esposa no se dieron cuenta de que me había detenido porque caminaba detrás de ellos todo el tiempo. Siguieron caminando, creyendo que los estaba siguiendo.

Momentos después, me acerqué a la mujer para preguntarle si se sentía bien. Ella comenzó a llorar cuando le pregunté cuál era el problema. Para mi sorpresa, me dijo que la mujer embarazada fallecida cubierta con una sábana blanca en la sala de la que acabamos de salir era su hija.

"Oh, no", exclamé. Me conmovió tanto que la abracé mientras la consolaba. No conocía a esta mujer ni la había conocido antes. Llamé a mi sobrino y al amigo de mi esposa para que se unieran a mí mientras la sostenía en mis brazos. Le ordené a mi sobrino que le diera a la mujer una cantidad de dinero para ayudar con el transporte y el funeral de su hija. Le dijimos que se animara y tuviera fe en Dios omnisciente y se fuera. Mientras nos alejábamos, la amiga de mi esposa se preguntó cómo sabía que la mujer era la madre de la mujer embarazada que había fallecido. Le dije que no lo sabia, pero el Espíritu de Dios en mí me indujo a detenerme y hablar con ella.

Mientras seguíamos caminando desde el hospital, escuchamos la voz de un hombre que gritaba "disculpe señor", disculpe señor" y corría hacia nosotros. Cuando nos alcanzó comenzó a agradecerme efusivamente, diciendo que su madre le contó que un hombre que ella no conocía se había detenido para preguntarle sobre su condición, la consoló y le había dado dinero para el transporte y el funeral de su hermana embarazada fallecida. Le deseé la fuerza de Dios en su momento de pérdida y dolor. Más tarde cuando regresé a mi residencia en St. Cloud, Minnesota, una amiga de mi esposa me informó por teléfono que el Sacerdote Capellán del hospital basó su homilía de ese domingo en la bondad de un extraño que consoló y le dio a una mujer cuya hija embarazada había muerto en el hospital algo de dinero para ayudarla con su transporte y funeral. ¡A Dios sea la gloria!

La última vez que vi a mi padre

Mi padre, el jefe Jerome Chiejina Akubue, murió en 1998, como mencioné anteriormente. La última vez que vi a papá con vida fue en 1996, cuando yo, mi esposa y nuestros dos hijos lo visitamos a él y a mis suegros. Fue durante esta visita que mis primos paternos y mi hermano mayor convocaron una reunión a la que fui invitado. Su portavoz, el Sr. Patrick Ekesiobi, explicó el objetivo de la reunión y dijo que fue su decisión que yo regresara a casa y cuidara de papá. Cuando terminó, preguntó a los primos y a mi hermano si me había transmitido su mensaje colectivo con precisión. Todos respondieron afirmativamente. El portavoz también señaló que cuidar de papá implicaba más que enviar dinero desde Estados Unidos para su mantenimiento. Para asegurarme de haberlos escuchado correctamente, les repetí lo que pensé haber escuchado y les pregunté si los había entendido como estaba previsto. Todos estuvieron de acuerdo en que yo tenía razón. En otras palabras, querían que renunciara a mi trabajo en los Estados Unidos de América y volviera a casa para cuidar de papá. Mientras papá estaba sentado en un rincón observando la escena, miré a mi hermano mayor y le pregunté si estaba al tanto de este plan, él no me miró a los ojos, pero asintió afirmativamente que sí. Les rogué que me permitieran reflexionar sobre su demanda.

Al día siguiente me reuní con mi prima casada con un hombre en otro pueblo para discutir el tema con ella. Se ofreció como voluntaria para que papá viviera con ella y su familia. Regresé con papá para contarle el arreglo que había hecho. Le dije cuándo vendría con un coche para llevarlo a casa de mi prima. Dijo que tenía una pregunta para mí y lo escuché. Me preguntó si alguna vez una persona se escapa de su casa y de su pueblo. Le respondí que la gente no huye de su casa ni de su ciudad, pero le dije que yo también tenía una pregunta para él y me incitó a continuar con mi pregunta. Le pregunté si un hombre debería permanecer abandonado en su casa y morir antes de tiempo. Su respuesta fue que nadie debería estar en su casa desatendido y morir antes de tiempo. Después descubrí que mis primos y mi hermano le habían dicho a papá que no me dejara sacarlo de su casa para reubicarlo. Mi conversación con él lo convenció de que necesitaba mudarse. Llegué el día señalado y lo llevé donde su sobrina, donde se quedó y le enviaba dinero regularmente desde los Estados Unidos de América para su mantenimiento. Cuando murió el esposo de mi prima, llevaron a papá de regreso a su casa temporalmente para regresar después del funeral de su cuñado. Fue durante su estancia temporal en casa que murió en 1998.

Mi hermano mayor, el ingeniero Eric Ositadinma Akubue, me llamó por teléfono para informarme que había fijado la fecha para el funeral de papá. Le expliqué que la escuela estaba en sesión para el semestre de primavera en la fecha que me dio y que no podía abandonar mis clases. Empezó a gritarme por teléfono por decirle que no podía emprender un viaje a Nigeria en esa fecha. Escuché mientras él despotricaba y deliraba, lo cual, en lo que a mí concernía, era inútil. Le dije que, o reprogramaba la fecha del funeral de papá o lo llevaría a cabo en mi ausencia. Finalmente se calmó y dijo que vería qué podía hacer para reprogramar la ceremonia. Le di las gracias, nos deseamos lo mejor y terminamos la llamada. La siguiente vez que me llamó fue para darme la nueva fecha del funeral y cuando podría viajar. Le agradecí y le pregunté cuál sería el costo estimado del funeral. Jadeé cuando mencionó cuánto dinero había en juego. Disipó mi aprensión diciendo que cada uno de nosotros contribuiría con la mitad de la cantidad.

Viajé a Nigeria en el último trimestre de 1999 llevándome 8.000 dólares destinados al funeral de papá. Llegué al pueblo al día siguiente y elegí quedarme en casa de mi primo materno Boniface Anyaegbunam. Mi hermano mayor, Eric Akubue, estaba sentado en la sala de la casa de nuestros padres cuando me vio llegar por el camino de entrada. Rápidamente salió de la casa para recibirme. Una de las cosas que me dijo mientras yo aun no había entrado a la casa fue que se había quedado sin dinero y ya no podía cumplir su promesa de contribuir con la mitad del dinero para el funeral de papá. Sonreí porque esperaba eso de él, lo que explicaba por qué me llevé tanto como $8,000.00 en primer lugar. La ceremonia fúnebre duró dos semanas. Salí al día siguiente hacia Lagos y finalmente abordé mi vuelo programado de KLM de regreso a los Estados Unidos. Mi esposa y nuestros hijos estaban encantados de verme de regreso con ellos.

Sobre mi hijo Anthony Ikechukwu Akubue Jr

    Mi hijo, Anthony Ikechukwu Akubue Jr., ya estaba entrenado para ir al baño y estaba listo y era elegible para la escuela preescolar. Su nueva escuela era el antiguo Washington Early Childhood Center en 820 8th Avenue S, St. Cloud MN. Su mamá lo preparaba y lo ponía en el autobús escolar temprano cada mañana, de lunes a viernes. Al principio, no había preocupaciones. Las cosas sucedían como estaba planeado. Lo recogíamos al final de la jornada escolar cada día. Sin embargo, en este día en particular, yo había salido de la casa en 835 McKinley Place, S, St. Cloud—donde vivimos cuando nacieron los tres niños—para ir a trabajar. Como siempre, su mamá lo preparó y lo puso rápidamente en el autobús. Yo estaba en mi oficina en Headley Hall después de enseñar mi primera clase, de 9 a 9:50 A.M. Eran alrededor de las 10:30 A.M. cuando sonó el teléfono de mi oficina, y tomé la llamada. Era mi esposa, Georgina Akubue, al teléfono con una voz frenética diciendo que la escuela de Tony había llamado para saber por qué Tony no estaba en la escuela. Me llamó después de decirle al funcionario de la escuela que la había llamado que ella había puesto a Tony en el autobús puntualmente ese día. Solté el teléfono y salí corriendo de mi oficina hacia mi auto, gritando "¿dónde está mi hijo?" repetidamente mientras me metía en el coche y arrancaba con los neumáticos chirriando hacia el Washington Early Childhood Center, a unas tres cuadras de la Universidad Estatal de St. Cloud. Llegué allí, gracias a Dios, sin un accidente ni una multa por exceso de velocidad. Los funcionarios de la escuela estaban al teléfono tratando de ponerse en contacto con el conductor del autobús escolar que había recogido a Tony esa mañana. Finalmente se conectaron con el conductor, quien corrió inmediatamente hacia el autobús escolar estacionado en busca de Tony. Cuando subió al autobús mirando por todas partes, encontró a Tony aún en el autobús. El conductor llamó a la escuela para anunciar que había encontrado a Tony durmiendo en el autobús. Aliviado, pero definitivamente conmocionado por lo que había sucedido y lo que podría haber pasado, me pregunté cómo el maestro responsable que supervisaba y guiaba a los niños desde el autobús pudo haber pasado por alto a Tony. Después de todo, Tony, que ahora mide seis pies y cuatro pulgadas, era más alto que los demás niños de su misma edad en ese momento. Mi esposa había llegado a la escuela y estábamos esperando la llegada de Tony. Cuando finalmente apareció, su mamá y yo lo abrazamos y lo tocamos por todo su cuerpo revisando si estaba bien. ¡Qué experiencia desgarradora fue esa! Los funcionarios se disculparon y me suplicaron que dejara que Tony siguiera tomando el autobús a la escuela. Insistí en llevar a Tony yo mismo a la escuela de ahora en adelante. A Dios sea la gloria de que Tony no sufrió ningún daño. Gracias, Señor.

Después de graduarse de la escuela secundaria en 2012, mi hijo, Anthony Ikechukwu Akubue Jr., se mudó para continuar su educación en Normandale Community College en Bloomington, Minnesota. Vivía en un apartamento en Minneapolis y tomaba el autobús para ir a la escuela todas las mañanas. Lo estaba ayudando con la matrícula y el dinero del alquiler. Una vez tuve dificultades para llegar a fin de mes financieramente. Fui a una de mis instituciones financieras para hacer un retiro, que posteriormente fue enviado por correo a mi domicilio como un cheque por aproximadamente $500,00. Era un mes de invierno en un día nevado y ventoso. Quería cobrar el cheque antes de mi próxima clase ese día. Saqué el sobre que contenía el cheque, lo separé, lo firmé y supuestamente lo guardé en el bolsillo de mi chaqueta que llevaba debajo de mi abrigo de invierno. Salí de mi oficina y caminé hacia Affinity Plus, Federal Credit Union, en Atwood Memorial Center, el centro de estudiantes de St. Cloud State University, St. Cloud, Minnesota. En Affinity Plus busqué en el bolsillo de mi chaqueta para sacar el cheque, pero no estaba allí.

Le dije al Cajero, que me estaba atendiendo, que no encontraba el cheque que había venido a cobrar y que me disculpara pues regresaría a mi oficina en busca del cheque. No estaba en ninguna parte de mi oficina. Mientras tanto, ya era hora de que impartiera mi próxima clase. Regresé después de clase para seguir buscando el cheque. ¡Estaba muy preocupado! Decidí volver sobre mis pasos siguiendo la misma ruta que hice cuando llegué por primera vez a Affinity Plus, mirando a izquierda y derecha en busca del cheque mientras caminaba. Cuando volví a mirar a mi izquierda, vi el lado en blanco de un papel rectangular blanco arrastrado por el viento y mantenido contra la base de la pared fuera del Edificio Centenario. Caminé hacia el costado del edificio, recogí el papel y, para mi gran alivio, era mi cheque firmado el que no pude encontrar hacia una hora. Entonces me di cuenta de lo que pasó: sin saberlo, había puesto el cheque entre mi chaqueta y mi abrigo de invierno, pero no en el bolsillo de mi chaqueta. En consecuencia, el cheque se deslizó hacia abajo y se cayó mientras me dirigía al Atwood Memorial Center. Pude ayudar a mi hijo con el alquiler. ¡Ciertamente, Dios a veces obra de maneras misteriosas! Gracias y alabanzas a Él, nuestro Señor, siempre.

La Mujer en la Tienda de Segunda Mano Goodwill

A menudo voy a tiendas de segunda mano en busca de gangas, compro cosas para mí, para mi esposa, mis hijos y lo que envío a Nigeria para ayudar a la gente. En una ocasión particular, fui a la tienda Goodwill en St. Cloud para curiosear como de costumbre. Mientras caminaba por la tienda mirando los artículos expuestos en los estantes, vitrinas y estantes, me di cuenta de que una mujer me estaba siguiendo. Cada vez que me detenía para mirar algo más de cerca, ella también se detenía y apartaba la mirada de mí. Aquí estaba una mujer que nunca había conocido antes y que no sabía que me seguía por la tienda. Esto continuó durante un largo período de tiempo antes de que finalmente reuniera el coraje para acercarse a mí. Ella vino hacia mí y comenzó a dirigirse a mí en puertorriqueño, lo cual no entendí, pero me di cuenta de que hablaba en serio. Me quedé frente a ella sin saber qué hacer.

Un momento después, una mujer joven con un niño pequeño se unió a nosotros y preguntó qué estaba pasando. Le dije que la mujer me estaba hablando pero que no entendía lo que me decía. Se presentó y dijo que la mujer era su madre. Cuando instó a su madre, ella repitió lo que me dijo, lo cual luego me interpretó que su madre decía que yo caminaba como un rey y que debo ser rey de donde vengo. No sólo me sentí honrado sino también con una sensación y una oleada de humildad en mi ser interior. Le dije a la joven que le dijera a su madre que le agradecía inmensamente el don que tenía de ver en algunos individuos cosas que son invisibles para la mayoría de las personas. También quería que le hiciera saber a su madre que Dios, quien le dio ese regalo especial, también la amaba mucho. Les deseé lo mejor y salí de la tienda. ¿Quién era esta mujer y por qué se sintió obligada a contarme sus observaciones sobre mí? ¡Sólo Dios, el Omnisciente, sabe las respuestas a estas preguntas!

Una de las Observaciones de Mi Compañero sobre Mí

En la primavera de 2001 fui elegido Presidente Interino del Departamento de Estudios Ambientales y Tecnológicos (ETS), para dirigir el departamento mientras el Presidente designado se tomaba un año sabático ese semestre de primavera. El departamento está ubicado en Headley Hall, que lleva el nombre de John W. Headley, quien fue presidente del entonces St. Cloud College desde 1947 hasta finales de 1951. El edificio en sí se inauguró para su uso en abril de 1963. Convoqué y dirigí reuniones departamentales de 1 p.m a 2 p.m. cada semana, todos los miércoles, asistía a las reuniones del Comité Asesor del Decano (DAC), presentaba los informes adeudados por el departamento, mantuvo citas con profesores y estudiantes, etc. El departamento evolucionó de Artes Industriales y Estudios Industriales a Estudios Ambientales y Tecnológicos a fines de la década de 1990.

Las reuniones de nuestro departamento se llevan a cabo los miércoles de 1 a 2 p. m. en la sala de conferencias de ETS. Algunas reuniones del departamento se llevaban a cabo fuera de la Sala de conferencias en la sala 225 de Headley Hall. Mi colega, el Dr. James Nicholson, y yo caminábamos por el pasillo un miércoles por la tarde después de una reunión del departamento celebrada en la sala 225. Mientras hablábamos, el Dr. Nicholson comentó que yo dirigía reuniones como la realeza. Ese comentario me tomó por sorpresa y no supe cómo reaccionar. Lo mejor que pude hacer fue evitarlo y tal vez pedirle más tarde que se extiendiera sobre ese comentario. Más tarde le pedí que ampliara su comentario y fui todo oídos anticipando su explicación. Dijo que se trataba de mi aplomo, cumplimiento del protocolo, respeto por los demás, comprensión, disposición considerada, capacidad para inspirar a los demás, humildad y personalidad afable. Fue más allá y me describió con más atributos de seguridad en mí mismo, hablaba con el corazón, no me ponía nervioso y tenie fuerza de carácter.

"Wow", exclamé, todas estas observaciones solo por la forma en que llevo las reuniones de departamento como jefe de departamento, pregunté.

Señaló que habíamos sido colegas en el mismo departamento durante algunos años antes de que yo me convirtiera en el presidente interino del departamento, tiempo durante el cual dijo que notó algunas de estas cualidades en mí. Le agradecí sinceramente al Dr. Nicholson. Sin embargo, no sabía que era digno de todos estos atributos, pero como dije al principio, si soy un buen hombre, por supuesto, es cosa de Dios para juzgar. Al igual que la mujer puertorriqueña en la tienda Goodwill, ésta es otra de las cualidades que él creía que tenía y que nunca había asociado conmigo mismo. A Dios sea la gloria siempre.

Mi Aflicción con una Extraña Enfermedad

Comencé a experimentar un tipo desconocido de enfermedad alrededor de 2016 en el que me volví solitario y no salía de mi casa para ir a ningún lado. Me sentaba en mi sillón reclinable deprimido todo el día. Pasaría cuatro días o más sin bañarme ni ducharme. Mis hijos venían muy preocupados y preguntándose qué me estaba pasando. Mi primer hijo me dijo una vez que cada vez que iba a trabajar o a algún lugar, se preocupaba y cuando regresaba primero echaba un vistazo al entrar por la puerta para asegurarse de que yo todavía estaba vivo. Mis varias visitas al hospital no descubrieron nada malo en mí, pero me sentía miserable. Me senté allí empapado de autocompasión porque mi césped no estaba cortado y no podía cocinar nada para comer. Reuní coraje y fuerza para llamar a la mujer de mi pueblo que vivía en Connecticut y compartir con ella lo que me estaba pasando. Al final de nuestra conversación telefónica, ella me dio el número de teléfono de alguien en Nigeria y me aconsejó que lo llamara para contarle por lo que estaba pasando.

Llamé a ese número al día siguiente y atendió la llamada. Me presenté y dije como había obtenido su número de teléfono. Le dije por qué lo llamaba y le pregunté si podía hacer algo por mí. Me pidió mi nombre completo, que le di, y me dijo que lo llamara nuevamente al día siguiente. Cuando llamé al día siguiente, me dijo que, por la gracia de Dios, trabajarían para recuperarme. Me contuve y no le pregunté cómo iba a pasar eso. Me llamó más tarde y me dijo que poco a poco empezaría a recuperarme. Después de algunas semanas, lo llamé para quejarme de que no me sentía mejor. Me dijo que tuviera paciencia y le diera tiempo. Con el paso del tiempo comencé a sentir alivio. Con el tiempo, no sólo pensé y me preocupé porque mi césped no estaba cortado, sino que salí y lo corté. Seguí cocinando para mí y mis hijos. Comprábamos sándwiches de metro y comida china con menos frecuencia. En 2019 volví a la normalidad y mantuve mis responsabilidades. No sé cómo sucedió, pero doy gloria a mi Dios generoso y Todopoderoso por mi recuperación. Gracias a Dios también que fue durante las vacaciones de verano y no estuve en ninguna clase.

Un Accidente que Hubiera Ocurrido

En una tarde de verano de 2019, mi hijo Jerome y yo íbamos de camino a Hopkins, Minnesota, para visitar a su hermano mayor Anthony Jr., que vivía allí en ese momento. Teníamos algo de comida casera para Tony, que había dejado el nido en St. Cloud, Minnesota, después de conseguir un trabajo en St. Paul, Minnesota y vivir solo. Le gusta la deliciosa comida nigeriana casera. Jerome conducía mientras yo estaba sentado cómodamente en el asiento del pasajero delantero leyendo un libro colocado en mis regazos. Fue un libro interesante de leer. Estaba aparentemente hechizado mirando el libro mientras lo leía. Estaba tan inmerso en la lectura de este libro que no charlaba ni mantenía la vista en la carretera mientras Jerome conducía. Jerome es un buen conductor en el que confío incondicionalmente. De repente, el espíritu trino en mí me empujó a mirar hacia arriba. Fue para alertarme de que actuara rápidamente porque estábamos en curso de colisión con el vehículo que iba delante de nosotros. Este vehículo había reducido la velocidad debido a un atasco de tráfico, pero Jerome tenía el pie en el acelerador, sin darse cuenta de que el vehículo de delante había desacelerado. ¡Dios mío! Jerome dormía al volante.

Grité su nombre justo a tiempo y, gracias a Dios, tuvo la agilidad mental para mover el pie y pisar el pedal del freno. El tirón hacia adelante por inercia fue tan brusco que lo que impidió que saliéramos lanzados por el parabrisas era que llevábamos puestos los cinturones de seguridad. La comida que le llevábamos a Anthony Jr. se derramó casi por completo por todo nuestro vehículo. Nuestro vehículo se detuvo a pocos metros del vehículo que iba delante de nosotros. Ambos estábamos conmocionados mientras conducíamos lentamente hacia una gasolinera cercana para calmarnos y recuperar nuestros nervios. Mientras estábamos en la gasolinera, limpiamos el derrame en el vehículo antes de continuar hasta la morada de Anthony Jr. para llevarle lo que quedaba de la comida casera que le preparé. Por lo tanto, el espíritu trino en mí evitó que nos viéramos involucrados en lo que podría haber sido un accidente espantoso. A Dios sea la gloria

Mi Experiencia en una Noche de Viernes Negro

El jueves 25 de noviembre de 2020 le di la bienvenida a una amigo que me visitaba desde Filadelfia, Pensilvania, Estados Unidos de América. Se registró en una habitación que yo le había reservado en el Best Western Kelly Inn de St. Cloud, Minnesota. Planeaba conducir con ella al día siguiente para ver el sitio y luego ir al centro comercial más tarde, ya que el viernes 26 de noviembre de 2020 era el Viernes Negro, para comprar regalos para ella y algunos para sus hijos en Filadelfia. La llevé a diferentes lugares el viernes por la tarde, incluso la llevé al campus de la Universidad Estatal St. Cloud donde trabajo, la llevé a mi oficina en Headley Hall, comimos algo más tarde y la llevé de regreso al hotel. La recogería nuevamente el viernes por la noche para ir de compras. Justo antes de salir de mi casa rumbo al hotel por ella, fui al baño a peinarme. Estaba parado frente al espejo mientras me peinaba cuando el mensaje vino del espíritu en mí de meter la camisa que llevaba dentro de mis pantalones. El mensaje fue bastante vívido. Llevaba mi chaqueta de invierno sobre la camisa porque afuera hacía frío. Hasta esta ocasión en particular, siempre había atendido los mandatos espirituales que me habían dado. No me metí la camisa por dentro como me indicaron. Salí de mi casa, conduje hasta el hotel y recogí a mi invitada. Íbamos al centro comercial después de parar en mi gasolinera favorita para echar gasolina. Entré a pagar la gasolina. Saqué mi billetera del bolsillo trasero de mi pantalón, pagué la gasolina y salí de la tienda poniendo mi billetera supuestamente en mi bolsillo simultáneamente. Creyendo que la billetera se había metido en el bolsillo, nos dirigimos a otro lugar donde necesitaba pagar algo más. Busqué en mi bolsillo trasero pero mi billetera no estaba allí. ¡Mi corazón se salto un latido!

Regresamos a la gasolinera a buscar la cartera. No lo encontré. Llamé al servicio de atención al cliente de mi tarjeta de crédito inmediatamente para informar que faltaba mi tarjeta de crédito. Desactivaron la tarjeta inmediatamente y luego me enviaron una nueva por correo. Mientras estaba sentado en mi vehículo preguntándome qué podría haber pasado, recordé las instrucciones que había recibido en mi baño de meter la camisa por dentro de los pantalones. ¡Oh, Dios mío! La camisa larga que llevaba bloqueaba mi bolsillo trasero y cuando solté la billetera creyendo que se había metido en mi bolsillo, cayó al suelo afuera de la tienda. Agitado e inquieto por lo sucedido, le pedí disculpas a mi invitada, la llevé de regreso al hotel y me fui a casa. Revisé mi teléfono y vi un mensaje de texto del sistema de seguridad de mi banco. Alguien ya estaba, sin perder tiempo, usando mi tarjeta de crédito para ir de compras. El banco quería mi confirmación de que estaba comprando o no los artículos involucrados. Respondí al banco inmediatamente que no estaba realizando las compras en cuestión. Afortunadamente, no se realizó ningún pago desde mi cuenta. Como mi tarjeta de seguro social también estaba en mi billetera, me comuniqué con compañías de informes crediticios del consumidor, incluida Experian, para obtener protección contra el robo de identidad. Ese fue un momento de enseñanza para mí para no desobedecer jamás los mandatos espirituales. Gracias y alabado sea el Señor, mi Dios.

La Mujer Generosa en la Tienda Target de Eastside

El jueves 14 de enero de 2021, aproximadamente a las 17:30 horas. Estaba en la tienda Eastside Target en St. Cloud para comprar chocolate blanco Lindor y cebolla en polvo. Recogí los artículos y estaba esperando mi turno en la fila para pagarlos. Una dama blanca detrás de mí llamó mi atención y me felicitó por mi atuendo magníficamente combinado. Me volví, le agradecí y la felicité porque era hermosa. Le dije que de vez en cuando tengo suerte de tener un conjunto bien coordinado. Ella rió. No me di cuenta de que Dios, en su infinita bondad, simplemente estableció una relación cordial entre este extraño y yo en preparación para lo que me sucedería minutos después. El empleado mecanizó mis artículos y anunció que sumaban un total de $11,65. Busqué mi billetera en mi bolsillo trasero y, para mi vergüenza, no estaba allí. Le dije al cajero que no tenía mi billetera. Ella dijo que podía ir a buscarlo si estaba en mi auto. Le dije que lo había olvidado en casa. Justo cuando estaba a punto de irme totalmente avergonzado, la mujer que había elogiado mi ropa inmediatamente dijo que pagaría mis compras. Me conmovió tanto que me di vuelta y le agradecí su generosidad y le dije que era un ángel. Ella respondió agradeciéndome y me dijo que se llamaba Ángela. ¡Guau! Intervención divina por medio de la señora que me felicitó unos minutos antes. No llamo a cosas así meras coincidencias. ¡Le aseguré a Ángela que no tenía la costumbre de hacer que otros pagaran mis compras anunciando que había olvidado mi billetera! Mientras subía a mi vehículo y salía del estacionamiento, noté que Ángela caminaba hacia su propio vehículo. Toqué la bocina y ella me reconoció y se acercó. Le agradecí nuevamente y mi Ángel y yo nos dijimos nuestro último adiós.

Lo que Dios usó a Angela para hacer por mí ese día fue algo que yo solía hacer por las personas porque me deleita. Lo he hecho muchas veces, pero limitaré mis ejemplos a uno. Por ejemplo, estaba de pie junto a una mujer que estaba haciendo que el precio de los artículos que había seleccionado fuera sumado en una tienda en particular. Cuando el cajero de la tienda le dijo a la mujer el precio total, ella se dio cuenta de que no tenía suficiente dinero para cubrir el costo de todos los artículos. En consecuencia, seleccionó algunos de los artículos y le pidió al cajero que restara sus precios del monto total que tenía que pagar. Como yo estaba de pie junto a ella, mientras Angela estaba detrás de mí, escuché todo y sentí una oleada de compasión por la mujer. Razoné que ella había pasado tiempo en la tienda eligiendo estos artículos de las estanterías y poniéndolos en su carrito de compras porque los necesitaba para ella, su esposo y sus hijos."

Sí," respondió ella, "pero no tengo suficiente dinero en este momento para pagar por todos ellos.

Le pedí al cajero que incluyera el precio de esos artículos que ella no podía pagar, junto con los míos, y se los devolviera a ella.

La mujer se dio la vuelta y me preguntó, '¿Hablas en serio?

Todo lo que le dije en respuesta fue '¡Está bien!' Luego, esta desconocida que no conocía me dio un abrazo de gratitud con una sonrisa alegre en su rostro. Debo decir, en concordancia con un autor anónimo, que nunca he visto una cara sonriente que no fuera hermosa. Sé que he aprendido bastantes cosas hasta ahora en mi vida. Una de ellas me fue revelada por una columnista del St. Cloud Times, Judith Rylander, que dijo 'a cualquier edad, no es cuánto tienes, es lo que haces con lo que tienes lo que cuenta'. También he aprendido de un autor anónimo que 'la vida no se califica por el inglés fluido, la ropa de marca o un estilo de vida rico. Se mide por la cantidad de caras que sonríen cuando escuchan tu nombre.

También es un regalo de Dios que me alerta a veces sobre los complots de personas vengativas para evitar que alguien termine lo que comenzó, porque su éxito en la realización de la tarea dependía del patrocinio financiero de una congregación. Mientras los conspiradores intercambian mensajes de texto usando sus teléfonos móviles, el mensaje llega sin querer a mi teléfono, lo que me impulsa a hacer algo para frustrar el complot. Por ejemplo, una congregación particular de hermanas reverendas ideó un plan que habría detenido el pago de la matrícula de una de ellas que estaba continuando su educación en una universidad donde yo era miembro del profesorado. Conocía a esta hermana reverenda. Le revelé este complot para sabotear y evitar la culminación de su educación. Ella se graduó con éxito de la universidad con el título que deseaba. Gloria a Dios siempre.

Las Personas Me Cuentan Cosas Voluntariamente Sin Que Yo Lo Solicite

Finalmente, tengo este regalo de Dios que inspira a las personas a contarme cosas que nunca les pedí, especialmente cosas que se consideran tabú social y prohibidas. Levítico 18:6 transmite la orden de que 'una persona no debe acercarse a ningún pariente consanguíneo para relaciones sexuales. Yo soy el Señor.' Por ejemplo, hace algunos años, un hombre mayor me reveló una relación incestuosa entre una sobrina y su tío. En otra ocasión, una mujer en Nigeria con la que estaba teniendo una conversación telefónica me preguntó, y confirmé mi estado de domicilio en los Estados Unidos. Ella me preguntó si, por casualidad, conocía a un caballero que mencionó por su nombre. Cuando confirmé que lo conocía, ella dijo que él tenía una relación incestuosa con su hermana en Nigeria, y su padre los maldijo a ambos. Las personas involucradas en ambos ejemplos todavía están por ahí, y me encuentro con ellas ocasionalmente.

Para estar seguro, no tengo el monopolio sobre estos dones. Todos tenemos diferentes dones del Espíritu Santo para usarlos para el bien común o para el mejoramiento de todos. Desafortunadamente, algunos de nosotros ponemos nuestros dones del Espíritu Santo en mal uso, a veces de manera egoísta y maliciosa, para maltratar, herir o dañar a los demás. En 1 Corintios 12:4-11 se mencionan estos dones dados a todos con los que ayudarnos mutuamente.

Hay diferentes clases de dones espirituales, pero el mismo Espíritu los distribuye. Hay diferentes maneras de servir, pero el mismo Señor es servido. Hay diferentes habilidades para realizar el servicio, pero el mismo Dios da habilidad a todos para el bien común. La presencia del Espíritu se muestra de alguna manera en cada persona para el bien de todos. El Espíritu le da a una persona un mensaje lleno de sabiduría, mientras que a otra persona el mismo Espíritu le da un mensaje lleno de conocimiento. Un mismo Espíritu le da fe a una persona, mientras que a otra le da el poder de sanar. El Espíritu le da a una persona el poder de hacer milagros; a otra, el don de hablar el mensaje de Dios; y a otra, la habilidad de distinguir entre los dones que vienen del Espíritu y los que no. A una persona le da la habilidad de hablar en lenguas extrañas, y a otra le da la habilidad de explicar lo que se dice. Pero es el mismo Espíritu quien hace todo esto; como él desea, da un don diferente a cada persona." (NVI)

Otra Revelación del Espíritu Santo que Ignoré

El viernes 31 de diciembre de 2021, Nochevieja, les aconsejé a mis hijos que tuvieran cuidado mientras conducían a dondequiera que fueran, que no tuvieran prisa para evitar accidentes en 2021 y en Año Nuevo. Era una Nochevieja nevada y húmeda. Salí después de hablar con ellos y conduje hasta la tienda Goodwill local para comprar algunos artículos necesarios. Compré los artículos y salí de la tienda. Mientras caminaba hacia mi vehículo en el estacionamiento de la tienda, el espíritu en mí me advirtió que tomara una ruta alternativa de regreso a mi residencia, en lugar de tomar la ruta por Division Street, St. Cloud. La ruta alternativa era County Road 75/Roosevelt Road, St. Cloud. El mensaje fue claro y sencillo como siempre. Me subí a mi vehículo y me fui por la calle Division que me advirtieron que debía evitar.

Llámelo obstinación de mi parte, una vez más no hice caso de la advertencia espiritual que había recibido. El mío era uno de los muchos vehículos que estaban delante de mí esperando que apareciera la luz verde en Division Street. No había ningún vehículo detrás del mío mientras esperaba. Unos segundos más tarde, un coche chocó con la parte trasera de mi vehículo y le causo daños. "Oh, no", exclamé.

Precisamente por eso me advirtieron que siguiera una ruta alternativa a casa. No fue porque no fuera un conductor cuidadoso, sino por el hecho de que no todos los que conducen son del todo cuidadosos y prestan atención. El coche que chocó con el mío era conducido por un joven con su novia sentada a su lado. La policía tardó mucho en llegar después de que llamé. Nos tomó declaraciones y me dio los datos del otro conductor, incluyendo su compañía de seguros, su nombre y número de placa. Él tuvo la culpa. Es irónico que después de sermonear a mis hijos sobre cómo evitar accidentes, yo fui el que estuvo involucrado en uno el último día de 2021. Mi tonta y sin sentido terquedad me llevó a un accidente como un saltamontes desprevenido que quedó atrapado en la trampa. Si hubiera hecho caso a la advertencia, esto no habría sucedido. Agradezco a Dios que no sufrí ninguna lesión. ¡Mi vehículo quedó reparado como nuevo luego de la reparación!

El Viaje a Ocala, Florida con mi hija Grace

En julio de 2019, viajé con mi hija, Grace Akubue, a Ocala, Florida, donde fuimos invitados por mi excuñado, el farmacéutico Julius Gekwu Ezepue, para asistir y ser testigos del bautismo de sus bebés gemelos. También quería que conociera a Su Majestad Real, Igwe Ezechuamagha 1, al Rey Sir Alex Uzo Onyido de Ogidi, un compañero de clase suyo en la Escuela Secundaria de Niños Oraugwu, y a su esposa y Primera Dama de Ogidi, Iyom Patricia Onyido (Ugegbe Eze), ambos de los cuales aceptó gentilmente una invitación para estar presente en la ceremonia. Hicimos nuestra reserva de habitación en el Hilton Ocala, que resultó ser el mismo hotel en el que también se hospedaban el Monarca y la Primera Dama. Al día siguiente, mi sobrina, Kosi Ezepue, anunció que el Rey y la Primera Dama estaban descansando en el vestíbulo. Bajé con mi hija al vestíbulo para reunirnos y presentarnos a mí y a mi hija al Rey y la Reina. La ceremonia bautismal fue sencillamente grandiosa. Nos mantuvimos en contacto con la pareja real después de que regresaron al Reino de Ogidi en el estado de Anambra, Nigeria.

Un viaje a la Convención de Ogidi en Atlanta, Georgia con Anthony Jr. y Grace

Posteriormente, un malentendido relativamente menor cortó temporalmente la relación con el Rey y la Reina. Durante algún tiempo mis llamadas no fueron atendidas. Sin embargo, mi amor y lealtad hacia la pareja real se mantuvieron firmes. Llamé a la Primera Dama en algún momento de junio de 2022 y me sorprendió gratamente cuando contestó el teléfono. En la conversación que siguió, ella reveló que ella y el Rey estaban listos para estar en Atlanta, Georgia, para honrar la convención de Ogidi que tendrá lugar en la ciudad del 1 al 3 de julio de 2022 con su presencia real. Nunca había estado en una de las convenciones anuales que se llevaban a cabo en diferentes ciudades de Estados Unidos. Ella me preguntó si asistiría, a lo que le dije que lo haría este año ya que iban a estar allí desde Ogidi, Nigeria. Mientras me preparaba para el viaje a Atlanta, pensé seriamente qué obsequios apropiados presentar a nuestros augustos visitantes e invitados de honor: el Rey y la Reina. Finalmente, me conformé con un bastón hecho a medida para el Rey y modestas joyas y perfumes para la Reina.

Reservamos nuestro vuelo con Spirit Airlines e hicimos una reserva de habitación de hotel en el Fairfield Inn & Suites Atlanta Airport para una estadía de tres noches en Atlanta. El viernes 1 de julio de 2022, nuestro avión aterrizó de manera segura en el Aeropuerto Internacional Hartsfield-Jackson de Atlanta, descrito como el aeropuerto más transitado del mundo. Mi primer hijo, Anthony Akubue Jr. y mi única hija, Grace Akubue, homónima de mi madre, me acompañaron en el viaje. Mi otro hijo, Jerome Akubue, tocayo de mi padre, no nos acompañó en el viaje por motivos de trabajo y compromisos previos.

Mientras estábamos de pie, orientándonos en un edificio abarrotado del aeropuerto, un equipo de noticias de televisión nos buscó y estaba hablando con Anthony Akubue Jr., queriendo saber qué nos había traído a Atlanta en este fin de semana del 4 de julio. Le dijimos a la Sra. Dawn White y a su camarógrafo qué estábamos en Atlanta, porque el rey de mi ciudad en Nigeria estaba en la ciudad y viajamos desde St. Cloud, Minnesota, para encontrarnos con él y su esposa. Le explicamos que el regalo empaquetado que sostenía mi hijo Tony Jr. era un bastón hecho a medida y digno del rey. El hecho de que este equipo de noticias de televisión nos seleccionara en un edificio abarrotado y concurrido del aeropuerto de Atlanta para una entrevista fue nada menos que una intervención divina, destinada a reparar la relación y proporcionar un encuentro mutuamente estimulante con el Rey y su Reina. Nos recogió en el aeropuerto mi buen amigo y ex alumno de la Universidad Marshall, el Sr. Charles Umeibe, que vive en la conurbación de Atlanta.

Poco después de registrarnos en nuestra habitación de hotel, nos dirigimos a la Suite Presidencial del Atlanta Airport Marriot and Renaissance, sede de la Convención Ogidi, para encontrarnos con el Rey y la Reina. Llevamos los regalos para la pareja real. Nos recibieron amigablemente a nuestra llegada y poco después entregamos los regalos al Rey y a la Reina. Tanto el Rey como la Reina estuvieron encantados de vernos y apreciaron los regalos. Agradezco a la Primera Dama, Iyom Patricia Onyido (Ugegbe Eze), por su buena acción al conseguirme un colmillo de marfil tradicional (Ofo) y un collar de marfil para hombre con título.

La convención tuvo mucho éxito más allá de lo esperado, y el clímax se produjo cuando el Rey y la Reina ingresaron con gracia al salón acompañados por un grupo de jefes con gorras rojas que se balanceaban al son de la música tradicional y el repique de campanas. ¡La escena era absolutamente espléndida y un espectáculo digno de contemplar! ¡A Dios sea la gloria siempre! La entrevista en el aeropuerto se transmitió en las noticias de las 11 p.m. ese viernes por la noche. Tony Jr. grabó el segmento de noticias, que entregamos al Rey y la Reina agradecidos. Regresamos a St. Cloud, Minnesota, el lunes 4 de julio, Día de la Independencia de Estados Unidos, deseando que mi segundo hijo, Jerome Akubue, hubiera viajado a Atlanta con nosotros.

Servir en diferentes Juntas Directivas

He formado parte de diferentes juntas directivas en organizaciones con sede en St. Cloud. Recibí un mensaje de correo electrónico de CentraCare St. Cloud Hospital en el que la administración expresaba interés en tenerme en su junta directiva. Les respondí para hacerles saber mi tipo de persona para que estuvieran absolutamente seguros de que me querían en su junta directiva. No iba a servir como director simbólico que le permite al hospital demostrar que tienen una persona minoritaria en su junta directiva. No me conformaría con el simbolismo ni con ser un miembro dormido en su junta directiva. Me respondieron diciendo que yo era el tipo de persona que buscaban para formar parte de su junta directiva. Me dijeron que alguien me había recomendado mucho para mi nombramiento en la junta directiva y había dicho que me conocía y que encajaría bien en la junta.

Busqué la declaración de misión del hospital, que establece que su misión "como hospital regional católico, mejoramos la salud y la calidad de vida de las personas a las que servimos de una manera que reflejé la misión sanadora de Jesús". La misión me resultaba atractiva, por lo que estaba muy interesado en formar parte de la junta. Se programó una fecha de entrevista para mi entrevista. Ese día estaba sentado a la mesa con unos cinco miembros de la junta directiva, incluido el presidente. Me recibieron y dimos la vuelta a la mesa presentándonos. La entrevista se llevó a cabo de manera formal y se desarrolló según lo planeado;

cada miembro de la junta me hizo preguntas sobre mis antecedentes, mi profesión y lo que aportaría a la junta. Recuerdo estar en presencia de estas personas muy distinguidas e importantes de diferentes establecimientos de la zona. Dado mi mal comienzo, cuando mamá trabajó duro y oró por un futuro mejor para sus hijos, me sentí tan honrado y respetado de interactuar con estas personalidades tan importantes que me emocioné. Estaba llorando, pero los caballeros que me entrevistaron no se dieron cuenta de que estaba llorando debido a mi viaje in situ al pasado. Al darse cuenta de lo que estaba sucediendo, algunos de los hombres me consolaron y me aseguraron que Estados Unidos era la tierra de la igualdad de derechos y libertad, sin importar quién seas.

La entrevista duró entre una hora y una hora y media y llegó a su fin. Fui nombrado miembro de la junta para comenzar mi primer mandato de tres años, sujeto a renovación para cumplir un máximo de nueve años. Proporcioné a la administración del hospital mi fotografía ampliada como me solicitaron, que se colocó en la pared de exhibición mostrando a todos los miembros de la junta. Cumplí los tres mandatos, asistiendo a reuniones de la junta directiva, retiros, ayudando a reclutar médicos nigerianos para trabajar en el hospital y a conferencias de liderazgo en diferentes estados durante nueve años. ¡Fueron nueve años de participación en un rol que apreciaba mucho!

Serví en la junta directiva de Caridades Católicas durante seis años, comprendiendo dos mandatos de tres años cada uno. Me llamaron para una entrevista que tuvo lugar en un local del metro donde se come fresco y se refresca. Era muy conocido en mi parroquia, especialmente en Christ Church Newman Center, donde asisto a misa la mayoría de los domingos. Alguien sugirió mi contratación para formar parte de la junta. El día de la entrevista, el Director Ejecutivo de Caridades Católicas y otros miembros del personal estaban allí cuando me uní a ellos. Después de un breve período de introducción, comenzó la entrevista con el Director Ejecutivo, Sr. Steve Bresnahan, comenzando con una breve explicación de la razón de ser de Caridades Católicas. Me impresionó mucho lo que hizo la organización con los miembros de la comunidad de bajos ingresos, las personas sin hogar, proporcionando alimentos, etc. Los miembros de la junta asistieron a una cantidad requerida de reuniones por año, participaron en retiros, talleres de planificación estratégica, se ofrecieron como voluntarios para reabastecer los estantes de alimentos, asistieron Mardi Grass en enero, etc. Realmente disfruto ser participante en organizaciones donde el enfoque es llegar hacia abajo y levantar a las personas. La declaración de misión de Caridades Católicas lo dice todo: servir a los más necesitados y abogar por la justicia en la comunidad.

Según Caridades Católicas, "hombres, mujeres, niños y familias, como todos nosotros, acuden a Caridades Católicas durante algunos de los momentos más difíciles de sus vidas". Caridades Católicas trabaja arduamente en la prevención de la pobreza, satisfaciendo las necesidades humanas básicas durante las crisis y creando caminos para salir de la pobreza. Servir en la junta de Caridades Católicas fue una experiencia placentera para mí. Para los sacerdotes, monjas, ejecutivos de empresas locales y representantes de grupos de bajos ingresos que forman parte de la junta, es una oportunidad de echar una mano. Se ha dicho que una sonrisa es lo más bonito que puedes lucir. Siempre es gratificante ser la razón por la que alguien sonríe algún día.

Formé parte de la junta directiva de Tri-County Action Program, Inc. (Tri-CAP). Tri-CAP es "un programa de acción comunitaria sin fines de lucro designado a nivel federal para los condados de Benton, Sherburne y Stearns en el centro de Minnesota, Estados Unidos. La misión de la organización atrajo mi atención y fascinación, y despertó mi interés por formar parte de su junta directiva. Como dice, la misión de Tri-CAP es ampliar las oportunidades para el bienestar económico y social de nuestros residentes y el desarrollo de nuestras comunidades. Tri-CAP paga una parte de las facturas de calefacción estacionales de los hogares con ingresos elegibles, reparaciones del hogar, servicios de transporte, estantes de alimentos, comidas, alojamiento, ropa, etc. Como de costumbre, fui entrevistado por el Director Ejecutivo de Tri-CAP y el personal de reclutamiento de los miembros del comité, y fui declarado elegible para el nombramiento. Serví en la junta durante seis años, lo que implicó dos mandatos de tres años cada uno. Los trabajadores de Tri-CAP están muy dedicados y comprometidos a servir a todas las personas y familias elegibles de bajos ingresos. Fue un placer conocer y conocer a estos trabajadores y sus áreas de especialización. Los conductores se aseguraron de que las personas a quienes atendían llegaran a sus citas a tiempo. Los fontaneros atienden las necesidades de plomería de los clientes según sea necesario. Los trabajadores de energía ayudan a los clientes con la climatización para los meses de invierno, ajustes de calderas para eficiencia energética y reparación de sistemas de energía como calderas domésticas, estufas, lavadoras y secadoras, etc. Los electricistas trabajan para garantizar que se satisfagan las necesidades eléctricas y que los clientes instalen bombillas fluorescentes más eficientes en lugar de bombillas incandescentes, y se familiaricen y practiquen métodos de conservación de energía.

Lo que hace Tri-CAP es muy singular en el sentido de que se trata de la infinidad de necesidades de las familias e individuos de bajos ingresos en el extremo inferior de los estratos sociales de la sociedad. Estas necesidades abarcan finanzas, plomería, electricidad, calefacción de espacios y agua, transporte, atención médica, atención dental, vivienda, muebles para el hogar, ropa, alimentos y nutrición, toda esta asistencia para la realización final de la autosuficiencia de los participantes. Comparo los servicios que Tri-CAP brinda con una incubadora de empresas donde las personas en el proceso de iniciar un nuevo negocio reciben asistencia colectiva en diferentes áreas relacionadas hasta que estén listas para valerse por sí mismas. No hay nada tan placentero como agacharse y levantar a las personas indiscriminadamente. Después de todo, eso es lo que nuestro Señor Jesucristo nos ordena que hagamos unos por otros.

Serví en la Comisión Regional de Derechos Humanos de St. Cloud como comisionado. El alcalde de St. Cloud en ese momento me nombró miembro de la Comisión. Fui uno de los miembros originales de la comisión cuando se estableció por primera vez en St. Cloud en la década de 1990. La misión de la Comisión de Derechos Humanos es "cultivar una comunidad justa e inclusiva donde se valore la diversidad y se respeten los derechos humanos". Cuando estaba en la Comisión, yo y los demás comisionados presidíamos actividades como la mediación, la educación y la divulgación. La Comisión en el momento en que yo servía no tenía el poder de hacer cumplir la ley, y la mayoría de los casos se remitían al Departamento de Derechos Humanos de Minnesota para que los tratara. Una Comisión de Derechos Humanos se guía por su declaración de misión, como la de la Comisión Regional de Derechos Humanos de St. Cloud, que es prevenir el racismo, los prejuicios, la injusticia, el nepotismo, el favoritismo, el odio y la intolerancia religiosa. Los Derechos Humanos deben ser protegidos indiscriminadamente en todas partes y para todos. Como señaló hace mucho tiempo el ex Secretario General de las Naciones Unidas, Javier Pérez de Cuellar, "Los principios de protección de los derechos humanos no pueden invocarse en una situación particular y ser ignorados en otra similar. Aplicarlo selectivamente es degradarlo".

El racismo y el odio están en todas partes de Estados Unidos y St. Cloud no es una excepción. Frenar el racismo y el odio en St. Cloud no es sólo responsabilidad de la Comisión Regional de Derechos Humanos de St. Cloud, sino una responsabilidad colectiva de todos los residentes de St. Cloud y su conurbación. El racismo y el odio son muy divisivos y malvados, y sólo la cooperación de buena fe de todos puede convertir nuestras comunidades en lugares acogedores para todos.

Levítico Capítulo 19: 33-34 defiende que:

"Cuando un extranjero resida entre vosotros en vuestra tierra, no lo maltratéis. El extranjero que reside entre vosotros debe ser tratado como si fuera un nativo. Ámalos como a ti mismo, porque extranjeros fuisteis en Egipto. Yo soy el Señor tu Dios".

En Proverbios Capítulo 23: 8-9, se nos ordena:

"hablar por los que no pueden hablar por sí mismos, por los derechos de todos los indigentes. Habla y juzga con justicia, defiende los derechos de los pobres y necesitados".

Se nos dice que lo mejor a lo que podemos aferrarnos es el uno al otro. Debemos inhalar coraje y exhalar miedo, sabiendo que el coraje no es la ausencia del miedo, sino el conocimiento como lo hizo Ambrose Redmoon, sino el juicio de que algo más es más importante que el miedo. Cristianos, musulmanes, athei Los santos, los hindúes y todos, deben unirse a la Comisión Regional de Derechos Humanos de St. Cloud para erradicar el racismo y todos sus espíritus afines entre nosotros. No hay forma de revertir la tendencia a la convergencia y diversidad humana en la era de la globalización y la economía global, que, entre otras cosas, fue creada para dar a las corporaciones multinacionales libre acceso a todos los países para explotar sus ventajas comparativas en todo el mundo. Permítanme parafrasear y citar al Dr. Martin Luther King Jr. y comentar que todos debemos aprender a vivir juntos como hermanos y hermanas o moriremos juntos como tontos. King continuó observando que "Estamos unidos en el único manto del destino, atrapados en una red ineludible de mutualidad. Y lo que afecta a uno directamente afecta a todos indirectamente".

Hace más de una década, un hombre y una mujer se detuvieron en mi oficina en el campus de la Universidad Estatal St. Cloud. El hombre se presentó como el Sr. Mahmoud I. Mohamed, originario de Somalia; La mujer se presentó como la Sra. Geneva, originaria de Chicago. Me informaron que alguien en Minneapolis los dirigió a mí para ayudarlos a establecer una organización 501 (C) 3 para el mejoramiento de los refugiados de Somalia. Señalaron la ausencia de cualquier organización que se ocupara de las necesidades de la creciente población de refugiados somalíes en el área de St. Cloud. Escuché atentamente sus razones para querer iniciar la organización en St. Cloud. Les di las condiciones bajo las cuales trabajaría con ellos para la realización de esto. Una de las condiciones era que el foco y los beneficiarios destinatarios debían ser los refugiados somalíes y no un plan de enriquecimiento personal. Prometieron hacer lo correcto, asegurándose de servir a los intereses de todos los refugiados somalíes en el área de St. Cloud.

Nos reunimos, permanecimos juntos y trabajamos duro juntos para fundar la Organización de Salvación Somalí del Área de St. Cloud (SASSO), una organización 501 (C) 3. Me convertí en el primer presidente de SASSO, con Mahmoud y Geneva como director ejecutivo y director ejecutivo asociado, respectivamente. Otros funcionarios incluyeron al Secretario y Tesorero de la organización sin fines de lucro SASSO. La organización dependía de donaciones de hombres y mujeres de buena voluntad de lejos y de cerca y de subvenciones obtenidas de las solicitudes de subvenciones. Los asuntos de la organización comenzaron con buen pie y la comunidad somalí estaba siendo atendida satisfactoriamente. Después de algunos años como Presidente de SASSO, llegó el momento de dar un paso al costado por cuestiones familiares y porque la organización alcanzó viabilidad. Presenté mi renuncia con efecto inmediato el 20 de enero de 2003. Agradecí a Dios, a los donantes y a otras organizaciones que nos apoyaron con subvenciones por la oportunidad y el honor que se me concedió de servir. SASSO realmente marcó una diferencia en la vida de las personas. ¡A Dios sea la gloria siempre!

Serví en la Junta Directiva de la Oficina de Misiones de la Diócesis Católica de St. Cloud. La Oficina de Misiones tiene un nombre legal conocido como "Sociedad para la Propagación de la Fe". La oficina está ubicada en 11 Eighth Avenue S, St. Cloud, MN, al lado de la Catedral de Santa María. La declaración de misión de la Oficina de Misión asume la responsabilidad de promover la misión y el alcance global en colaboración con la Diócesis Católica de St. Cloud. El trabajo misionero consiste en construir relaciones, asociaciones, solidaridad y comunión en todo el mundo. Dos asociaciones de solidaridad global de la Oficina de la Misión bien conocidas son las diócesis de Homa Bay, Kenia, y Maracay, Venezuela. La misión de hoy ya no se lleva a cabo desde la noción o mentalidad de destino manifiesto y perspectiva etnocéntrica. Como afirma correctamente la Oficina de Misiones de la Diócesis de St. Cloud, "La misión ya no es una dicotomía de 'nosotros por encima de ellos' o 'riqueza material y pobreza'; ahora vemos que todos tienen riqueza para compartir, y nosotros también tenemos pobreza para la cual necesitamos los regalos de los demás.

Esto me recordó una declaración que encontré antes que decía: "No camines detrás de mí, es posible que no te lidere. No camines delante de mí, puede que no te siga. Simplemente camina a mi lado y sé mi amigo". Los pueblos, las culturas y las comunidades de fe están llamados a intercambios mutuos de dones y relaciones". Los obispos de todo el mundo expresaron sucintamente que "Ninguna iglesia es tan pobre que no tenga nada que dar; y ninguna iglesia es tan rica que no tenga nada que recibir". Catholic Relief Services (CRS), fundada por los obispos de los Estados Unidos, es el brazo de desarrollo mundial de la Iglesia Católica de los Estados Unidos. Se asocia con otras entidades como Caritas, diócesis y congregaciones religiosas en situaciones de emergencia y desastres en todo el mundo, empoderamiento de las personas, soluciones sostenibles a la pobreza y la vulnerabilidad, y solidaridad global. La Oficina de Misión de St. Cloud, entre otras cosas, sirve como oficina diocesana para CRS, actualmente bajo el liderazgo del Director Diocesano, el P. Bill Vos. La Junta Directiva delibera y aprueba el presupuesto, su asignación a diferentes programas y proyectos, incluyendo actividades misioneras en otros países y recepción y traer personas de otros países a nuestras comunidades. Esto último está en consonancia con lo que sé hoy, que es que a lo largo de la historia del cristianismo, se ha practicado un ideal para hacer espacio al extraño hasta que ese extraño no sea sólo un amigo sino, de hecho, un miembro de la familia. También serví en el Consejo Parroquial del Centro Newman de Christ Church. Servir en la Junta Directiva de la Oficina de Misión de la

Diócesis de St. Cloud y en el Consejo Parroquial del Centro Newman de Christ Church me fortaleció y contribuyó a mi compromiso consciente y continuo para cumplir el propósito de mi vida. Fue un honor y una oportunidad por la que estoy sinceramente agradecido.

Serví en la Junta Directiva de la Biblioteca Pública de St. Cloud durante seis años. Las reuniones de la junta se llevan a cabo cada tercer martes de los meses pares. La biblioteca pública está ubicada en 1300 W St. Germain Street, St. Cloud, MN, donde la junta celebra sus reuniones. La junta supervisa los asuntos relacionados con la construcción relacionados con las operaciones de la Biblioteca Pública de St. Cloud. Es responsabilidad de la junta aprobar y monitorear las propuestas presupuestarias para las operaciones y mantenimiento del edificio. A su vez, la junta trabaja con la administración de la ciudad para presentar solicitudes de presupuesto aprobadas por la junta. La junta delibera y aprueba varias facturas de la biblioteca para su pago a los proveedores. Algunos ejemplos incluyen facturas de plomería, calefacción y electricidad, y facturas de trabajos de reparación y renovación.

Recomendaciones para mi Promoción

Finalmente, mi progreso en la Universidad Estatal St. Cloud se produjo con la velocidad de Dios. En septiembre de 1990, me incorporé al cuerpo docente del departamento de Estudios Industriales (ahora departamento de Estudios Ambientales y Tecnológicos) de la Universidad Estatal St. Cloud, St. Cloud, Minnesota. Fui bien recibido y asesorado, ya que me convertí en el único miembro del cuerpo docente perteneciente a una minoría en el departamento en ese momento. Mis colegas superiores me apoyaron mucho y me brindaron un entorno propicio para mejorar mi productividad. En mi sexto año fui recompensado con lo que podría describirse como un ascenso inusual al rango de profesor: el pináculo de nuestra profesión. No soy alguien que dé por sentado ninguna bendición que recibo. Doy fácilmente el crédito a quien se lo merece: ante todo a Dios por su amor, y al Comité de Evaluación del departamento y a los administradores inferiores que me recomendaron para el ascenso. La primera recomendación provino del Comité de Evaluación del departamento; la segunda recomendación provino del Dr. William Lacroix, presidente del departamento en ese momento; la tercera recomendación provino del Dr. G. Richard Hogan, decano de la Facultad de Ciencia y Tecnología; y la cuarta recomendación provino de la Dra. Barbara Grachek, vicepresidenta de Asuntos Académicos en ese momento. Siguiendo estas destacadas recomendaciones, el Dr. Bruce F. Grube, presidente de la Universidad Estatal de St. Cloud en ese momento, escribió concediendo mi ascenso y felicitándome comiéndome. Todas las recomendaciones a continuación están en las palabras exactas de quienes recomiendan.

Después de una cuidadosa revisión del material de promoción del Dr. Anthony Akubue, el Comité de Evaluación de la Facultad recomienda encarecidamente que Anthony sea ascendido al rango de profesor. Es un valioso colaborador del Departamento de Estudios Industriales, la comunidad y la Universidad.

> Firmado: Dres. Anthony Gilberti (13/12/1995), Gerald NESTEL (13/12/1995) y John Carter (19/12/1995).

Coincido con la recomendación de la Comisión de Evaluación de Facultad de Estudios Industriales. Definitivamente, el Dr. Akubue debería ser ascendido al rango de profesor porque se ha GANADO ese ascenso. Se lo ha ganado mediante una atención minuciosa y el cumplimiento de los cinco criterios citados en el Artículo 22, Sección B del Acuerdo SUB/IFO. La documentación adjunta ciertamente da fe de sus logros. Le recomiendo que examine atentamente la documentación que ha proporcionado.

> El Dr. Akubue es el profesional por excelencia. El Dr. Akubue habla en nombre de su disciplina, su herencia, su universidad, su comunidad. Escribe, habla, enseña. Sus focos son locales, regionales y nacionales. El Dr. Akubue es, de hecho, un "profesor": es apropiado que sea honrado con el derecho a llevar el título del rango que con tanto orgullo y gracia retrata incluso en su ausencia. (William J. Lacroix, presidente del departamento, enero de 1996)

El Dr. Akubue ha recopilado un impresionante historial de logros. Sus logros tienen una amplitud considerable dentro de los cinco criterios de consideración. Está claro que es un profesor talentoso. Su historial académico indica una variedad de contribuciones desde el nivel internacional hasta el local. Una prueba más de su profesionalismo son sus publicaciones y su participación en reuniones nacionales e internacionales. Es notable la participación del Dr. Akubue en actividades civiles y relacionadas con el ámbito profesional. Sus interacciones con sus estudiantes, departamento, campus y comunidad me parecieron excepcionales y, una vez más, estoy impresionado con la variedad y amplitud de estas interacciones positivas.

Recomiendo al Dr. Akubue sin reservas. Me doy cuenta de que puede considerarse temprano para su ascenso; sin embargo, después de considerar su impresionante historial desde su último ascenso, estoy convencido de que un mayor reconocimiento en este momento está plenamente justificado. Por lo tanto, recomiendo la promoción del Dr. Akubue en este momento sin reservas. (Dr. G. Richard Hogan, Decano Facultad de Ciencia y Tecnología, 13/02/19960)

El Dr. Anthony Akubue está en su noveno año en la Universidad Estatal de St. Cloud, es tercero en el rango de Profesor Asociado y llegó aquí con varios años de experiencia previa. Aunque normalmente recomiendo un período de tiempo más largo antes de ascender al rango más alto, el Dr. Akubue es definitivamente una de esas "excepciones". Continúa teniendo un desempeño superior: enseñanza efectiva, actividades académicas, compromiso y dedicación a los estudiantes y a esta universidad, y la lista continúa. Apoyo firmemente las recomendaciones presentadas por sus colegas y el decano Richard Hogan de que el Dr. Akubue sea el "Profesor" Akubue en su forma más completa. (Dra. Barbara Grachek, vicepresidenta de Asuntos Académicos, SCSU, mayo de 1996).

9 de mayo de 1996

Dr. Tony Akubue.

Departamento de Estudios Industriales

Universidad Estatal de St. Cloud

Estimado Dr. Akubue,

Felicitaciones por su ascenso al rango de Profesor, efectivo a partir del trimestre de otoño de 1996.

Su cartera de logros ciertamente demuestra "desempeño constante y altos logros" en los cinco criterios. Mientras revisaba los expedientes de promoción, quedé continuamente impresionado con las numerosas actividades centradas en los estudiantes y actividades académicas en las que participa nuestro cuerpo docente.

Gracias por todos sus esfuerzos en nombre de St. Cloud State University. Sé que continuará contribuyendo a nuestra tradición de excelencia y oportunidades en todos sus objetivos profesionales.

Atentamente,

Dr. Bruce F. Grube, presidente, Universidad Estatal St. Cloud, St. Cloud,

Minnesota

Evaluaciones de Estudiantes y Elogios

No puedo agradecer lo suficiente a estas personas por lo que vieron y les gustó de mí para concederme este buen gesto. Algunos de mis exalumnos también han escrito en mi elogio y sobre mi estilo de enseñanza. Uno en particular, cuyo nombre se omite por anonimato, en su semestre de graduación en otoño de 2022, escribió lo siguiente:

A quien corresponda,

He tenido la maravillosa oportunidad de tomar múltiples cursos durante los últimos cuatro años y medio con el Profesor Anthony Akubue. El Dr. Akubue ayudó a despertar mi pasión por el medio ambiente en 2018 y ha facilitado una gran parte de mi educación sobre el tema. No solo demuestra su vasto conocimiento del tema al dar conferencias profundas llenas de información valiosa, sino que también le da su propio enfoque a los temas, haciendo que las clases sean más divertidas y atractivas. Además, sus historias de vida que comparte con los estudiantes ayudan a hacer conexiones reales entre el contenido del curso y cómo se aplicará una vez en el ámbito laboral. Además, el Dr. Akubue se muestra muy accesible respecto a preguntas o reuniones después de clase, lo que ayuda a muchos estudiantes que anteriormente tuvieron dificultades para acercarse a sus profesores. He tomado muchos de los cursos que imparte el Dr. Akubue y han sido algunos de mis cursos favoritos en la Universidad Estatal de St. Cloud. En general, el Profesor Akubue es un ser humano increíble que demuestra amabilidad, compasión, conocimiento y sabiduría. No podría recomendar más que los estudiantes se inscriban en un curso impartido por el Dr. Akubue.

PD: ¡Es el profesor mejor vestido en la Universidad Estatal de St. Cloud!

Dar Crédito a Quien lo Merece

También sé que Dios, como Él quiere, utiliza a las personas como conductos para ayudarnos a los seres humanos. A Dios sea la gloria siempre.

Para finalizar este proyecto, debo darle el crédito a quien se lo merece. Era imperativo para mí escribir esta narración sobre la obra de Dios en mi vida,

Su propósito al ponerme aquí en la Tierra y el hecho de que Él vela por mí, me protege, me guía y me honra usándome como uno de Sus instrumentos. a través de quien Él brinda benevolencia, compasión, apoyo y su cuidado amoroso por los que no tienen voz, los pobres, los oprimidos y los afligidos.

No soy un hombre hecho a sí mismo, ni mucho menos. Sería egoísta de mi parte guardarme los favores de Dios para mí sin dar testimonio de Su existencia, compasión, redención, generosidad y amor infinito por toda Su creación. Este libro no trata de presentarme como mejor que nadie, sino de confesar mi vulnerabilidad y luchar por ser la luz. Lo que soy hoy es obra de Dios y no puedo darme el lujo de mantener en secreto.

Como señala Mateo 5: 14-16:

"Vosotros sois la luz del mundo. Una ciudad en una colina no puede ser escondida. Tampoco se enciende una lámpara y se pone debajo de un recipiente. En cambio, la ponen sobre un soporte y alumbra a todos los que están en la casa. De la misma manera, dejad que vuestra luz brille delante de los hombres, para que vean vuestras buenas obras y alaben a vuestro Padre que está en los cielos".

Se nos dice que nos convirtamos en la Biblia que otros leen. Como observó acertadamente el Reverendo Padre Beato Ambang Njume, si uno no se ocupa del bien, el diablo lo ocupará del mal. Los cristianos debemos aprender a amar y perdonar. 1 Juan 2: 9-10 señala:

"Aquellos que dicen estar en la luz, pero odian a sus compañeros creyentes, todavía están en las tinieblas. Los que aman a sus hermanos en la fe viven en la luz y no hay nada en ellos que les haga tropezar".

Martin Luther King Jr. nos exhorta a desarrollar y mantener la capacidad de perdonar. Afirma que quien está privado del poder de perdonar está privado del poder de amar. Fue más allá al asegurar que somos menos propensos a odiar a nuestros enemigos cuando nos damos cuenta de que hay algo de bien en lo peor de nosotros y algo de mal en lo mejor de nosotros. Recuerde, Jesús le dijo a Pedro, quien le preguntó cuántas veces perdonar a un hermano: "No te digo siete veces, sino setenta veces siete". Se nos recuerda en 1 Juan 4:20 que cualquiera que dice amar a Dios, pero odia a su hermano o hermana es un mentiroso. Porque quien no ama a su hermano y a su hermana a quien ha visto, no puede amar a Dios a quien no ha visto. Dios nos ama absolutamente y debemos amarlo absolutamente más que a todo lo demás. Se nos dice que una buena acción merece otra. Como dice en 1 Juan 2:15: "No améis al mundo ni las cosas que están en el mundo. Si alguno ama al mundo, el amor del Padre no está en él". No podemos servir a Dios mientras tomamos de la mano al diablo al mismo tiempo. Por último, quisiera reiterar Gálatas 6: 9, "No nos cansemos de hacer el bien; porque si no nos rendimos, llegará el momento en que cosecharemos la recompensa".

Mi Oración: Mi Relación con Dios

Me siento inspirado a finalizar esta tarea con mi oración diaria de la mañana.

En el nombre del padre y del hijo y del Espíritu Santo. Amén.

Buenos días, mi Señor, buenos días, mi Dios, buenos días mi Todo.

Ángel de Dios, mi querida Guardiana; a quien el amor de Dios me encomienda aquí: siempre este día, sé a mi lado, para iluminar y guardar, para gobernar y guiar. Amén.

Padre nuestro que estás en los cielos. Santificado sea tu nombre. Venga tu reino. Hágase tu voluntad en la tierra como en el cielo. Danos hoy nuestro pan de cada día y perdónanos nuestras ofensas, como también nosotros perdonamos a los que nos ofenden; y no nos dejes caer en tentación, sino líbranos del mal. Porque tuyo es el reino, el poder y la gloria por los siglos de los siglos. Amén.

Ave María, llena eres de Gracia, el Señor es contigo. Bendita tú entre las mujeres, y bendito el fruto de tu vientre Jesús. Santa María, madre de Dios, ruega por nosotros pecadores ahora y en la hora de nuestra muerte. Amén. (3X)

Gloria al padre, y a este hijo, y al Espíritu Santo; como era en el principio, es ahora y será siempre, por los siglos de los siglos. Amén

Gracias, mi Señor. Gracias por cuidarme y mis hijos. Gracias por estar siempre ahí para nosotros.

Gracias Señor. Gracias por tu misericordia. Gracias por tus bendiciones. Gracias por perdonarnos nuestros pecados. Gracias por tu fidelidad. Gracias por su paciencia. Gracias por su benevolencia. Gracias por su comprensión. Gracias por su magnanimidad. Pecamos contra ti todo el tiempo, pero siempre nos das otra oportunidad. Señor, nunca te daremos por sentado. Concédenos la fortaleza para resistir las tentaciones de pecar contra ti.

Gracias, mi Señor, por protegernos y defendernos a mí y a mis hijos de las personas malvadas y de los espíritus malignos. Gracias por sostener nuestras vidas y por despertarnos esta mañana para contemplar el hermoso día que tu padre ha hecho a través de ti. Señor, sólo tú eres capaz del milagro del día y la noche.

Te agradecemos. Te alabamos. Te honramos. Te adoramos. Te adoramos. Te glorificamos. Porque tú eres el "Yo soy el que soy", el padre de padres, nuestro alfa y omega, nuestro rey de reyes, nuestro Salvador, nuestro Redentor, nuestra Salvación.

Sin ti no somos nada. Sin ti pereceremos en manos de quienes nos ven como enemigos. Gracias, mi Señor.

Gracias por dejarnos ser parte de este día. Y mientras lo atravesamos, por favor mantennos alejados del peligro.

Guíanos, guíanos, dirígenos e inspíranos a medida que avanzamos en este día.

Mantennos seguros en casa en St. Cloud y Hopkins, y fuera de casa. Mantennos a salvo mientras conducimos del punto A al punto B, caminamos del punto A al punto B, volamos del punto A al punto B, viajamos del punto A al punto B.

Mantennos seguros en el campus de la Universidad Estatal St. Cloud: en las aulas, en las oficinas, en los laboratorios, en Headley Hall, en la biblioteca y en cualquier otro lugar donde estemos en el campus.

Mantennos seguros mientras visitas a amigos. Mantennos seguros en nuestros lugares de cita. Mantennos seguros en las tiendas. Mantennos seguros en el trabajo, ya sea en casa o en nuestros lugares de trabajo. Mantennos seguros en cualquier lugar y espacio donde estemos hoy y todos los días. Y al final del día, llévennos a todos a casa sanos y salvos. Oramos en tu nombre, tú que eres el único hijo de Dios, Jesucristo nuestro Salvador, Amén.

En tus manos, oh, Señor, confío mi seguridad, la seguridad de Anthony Ikechukwu Akubue Jr., la seguridad de Jerome Chijioke Akubue y la seguridad de Grace Nnenna Akubue. En tus manos, confío la seguridad de mi hermana Patricia Ebelechukwu Ezepue (Nee Akubue) y sus hijos, Benedeth Okelu y sus hijos, Angela Emelife-Hyde y sus hijos, Tony Ogbozor y su familia, Alex Polacco y su familia, Adris Brown. y su familia, Dan Offiaeli y su familia, Timothy Emeka Arinze y su familia, Sylvester Idehen y su familia, y Larry Olisa y su familia.

En tus manos, oh Señor, encomiendo la seguridad de las familias de los miembros fallecidos de nuestra comunidad igbo en Minnesota y en otros lugares, incluida la familia de Bartholomew Nwaiwu, la familia de Henry Keshi, la familia de Christopher Obasi, la familia de Leonard Onyiah. , la familia de George Ogbonna, la familia de Godwin Nwadiashi, la familia de Chinasa Eke, la familia de Christopher Okonkwo, la familia de Lawson Waturuocha, la familia de Daniel Ibekwe, la familia de Edwin Meyer, la familia de Patrick Nwaokolo, el familia de Dennis Chukwuemeka, la familia de George Ekemezie, la familia de Sylvester Onyeneho, la familia del Sr. Andrew y la Sra. Victoria Eze, los hijos y nietos de mi hermano Eric (mis sobrinos y sobrinas), los hijos y nietos de mi prima Bonny , los hijos y nietos de mi hermana Rosalyn y su esposo Christopher Chukwurah (mis sobrinas y sobrinos), la esposa de mi primo paterno Linus Akubue, Nnonye Uju Akubue), sus hijos y nietos, la esposa, los hijos y los nietos de mi primo materno Boniface Anyaegbunam, la familia de Caroline Udeoku, y la familia de Benedeth Oduagu.

En tus manos encomiendo también nuestro bienestar, nuestra salud y nuestra vida, ahora y siempre. Amén.

Tú estás a cargo, mi Señor. Que se haga tu voluntad. Amén.

Oración antes de acostarse por la noche:

Ahora yo y mis hijos, Anthony Ikechukwu Akubue Jr., Jerome Chijioke Akubue y Grace Nnenna Akubue, estamos a punto de irnos a dormir, le pido al Señor que guarde nuestras almas. Por favor guárdanos, Jesús durante la noche y despiértanos al amanecer. Amén.

Sobre el autor

Como profesor de estudios ambientales y tecnológicos, el Dr. Anthony Ikechukwu Akubue escribe con pasión sobre cuestiones interdisciplinarias. Ha escrito numerosos artículos locales, nacionales e internacionales sobre hablar con la verdad al poder, la economía centrada en el ser humano, el crecimiento no ayuda a los pobres si no llega a los pobres, asuntos de fe, transferencia de tecnología norte-sur, tecnología apropiada, degradación ambiental, administración ambiental y sostenibilidad, diversidad humana y la necesidad de una coexistencia pacífica, y cuestiones relacionadas con el género. También es un crítico de la transferencia de tecnología norte-sur. Un libro de texto que escribió, Desarrollo Tecnológico y Socioeconómico: Un Desafío del Tercer Mundo, es un texto obligatorio para el curso de Tecnología y Desarrollo del Tercer Mundo en la Universidad Estatal de St. Cloud. Ha escrito capítulos en libros y ganó un premio por el mejor artículo sobre disparidad de género en el Journal of Technology Studies, volumen XXVII, 2001.

El sacerdote católico Padre Johnpaul de la Diócesis de St. Cloud, Minnesota, escribió:

> Dr. Anthony Akubue, debo confesar que fuiste creado especialmente por Dios. Eres tan único en la vida. Eres una encarnación del conocimiento, un epítome de sabiduría, un escritor prolífico. Estoy muy feliz de tenerte como mi modelo a seguir, un mentor.

El Dr. William J. Lacroix, ex presidente del departamento de estudios ambientales y tecnológicos de la Universidad Estatal de St. Cloud, al recomendarlo para su ascenso al rango de profesor en 1996, escribió:

> El Dr. Akubue es el profesional por excelencia. El Dr. Akubue habla en nombre de su disciplina, su herencia, su universidad, su comunidad. Escribe, habla, enseña. Sus enfoques son locales, regionales y nacionales. El Dr. Akubue es, de hecho, un "profesor". Es completamente apropiado que se le honre con el derecho de llevar el título del rango que tan orgullosamente y amablemente representa, incluso en su ausencia.

Resumen de la contraportada

Este libro es el resultado del constante impulso del Paráclito en el autor para iluminar la obra de Dios en su vida. Está en consonancia con la creencia del Dr. Anthony Akubue de dar crédito a quien lo merece y su convicción de no mantener en secreto los favores de Dios hacia él. Haces lo correcto cuando enciendes una lámpara y la pones sobre un candelero, no debajo de un recipiente o de la cama, para que la gente la vea. El autor se encuentra ocasionalmente derrumbándose y llorando, abrumado por el hecho de que el Señor Dios ame a un pecador tan insignificante como él. Lo que leerás en este libro acerca de las experiencias de intervenciones divinas en la vida del autor te dejará asombrado y convencido de que Dios realmente existe y es omnipotente, omnisciente y omnipresente. Por ejemplo, ¿quién era la anciana que caminaba con un bastón en la mano y que advirtió al autor, en la tarde del 4 de septiembre de 1968, que abandonara inmediatamente el lugar de la plaza del mercado, después de lo cual el mercado fue fuertemente bombardeado y muchas personas fueron asesinadas?